史夏ゆみ

ココ・シャネルからのメッセージ

JN116117

扶桑社文庫
805

Message from Chanel

プロローグ

華のパリ！

真新しく舗装された大通り、艶《つや》やかな鉄製の橋。渋滞する馬車の間を掻《か》い潜っていく自転車の紳士たち。華やかに光を放つ電飾、アール・ヌーヴォーの曲線で飾られた地下鉄の入口。柱巻ポスターにはアルフォンス・ミュシャが描いた女優サラ・ベルナール。その前を百貨店プランタンの帽子箱を抱えて足早に通り過ぎるドレス姿のご婦人たち。

暗くなれば裏通りのキャバレーやカフェ・コンセール（音楽喫茶）から光と音楽と笑い声が溢《あふ》れ、ペチコートを捲《めく》る娼婦と山高帽紳士の駆け引きはワインの香りとともに夜中までつづく。

かつてあった農場、牢獄、死体安置所はみんな消え、ここは百万長者が六週間で破産する街に変貌を遂げた。ノートル・ダム大聖堂の足元ではついこの間まで洗濯女だった乞食が、神の慈悲と仕事を求めて彷徨《さまよ》っている……

一九世紀末から二〇世紀初めにかけての「ベル・エポック」（美しき時代）は、絢爛《けんらん》と混沌《こんとん》の時代です。ガブリエル・ボヌール・シャネル（以下、ガブリエル）はそんな夢のようなパリで壮年期を過ごしました。

やがて二つの世界大戦を越えて時代は目まぐるしく変貌し、六〇歳を過ぎたガブリエルの主戦場はアメリカに移ります。時の急流のなか彼女はずっとひとりで、ずっと必死に生きていました。日本が初の人工衛星打ち上げに成功した年にも、ガブリエルはローザンヌで働いていました。でもアポロ一四号の月面着陸を見ることはありませんでした。

私は大学を卒業後ヨーロッパ留学とOLを経験し、大学院に戻って博士の学位を取りました。その後専業主婦を経てライターを志し、こうしてエッセイや小説を書かせて頂くようになりました。さまざまな立場を経験した今、ガブリエルの時代に孤児の女性がビジネスの世界に君臨することがどれほど困難だったか、二つの大戦を越えた怒涛の時代にたったひとりで働きつづけることがどれほど孤独で辛いことだったかが少なからず想像できます。
ガブリエルは生涯を通してそんな社会と戦い、勝ち取り、真ん中に立っていた。その道のりこそが彼女の放つ言葉を光らせ、私たちを魅了します。シャネルの黒が持つ気品と落ち着き同様、彼女は強く、深く、孤独で、美しかったのです。

この本はガブリエルの名言一つにつき短いストーリーとガブリエル本人についての解説というスタイルで書いています。それぞれの名言に沿ったストーリーを読んで「ああ、似たような話を知っている。そうか、確かにガブリエルのこの言葉はああいう場面にあてはまるな」と感じると、頭の中の曖昧な記憶が整理されることがあります。それが名言のよさのひとつです。またガブリエルの人生や作品についても、全部お読み頂ければ主要な点は把握できるように工夫しました。

ちなみにガブリエルはよくココと呼ばれますが、これは彼女がまだ若く古都ムーランの音楽喫茶で歌っていたころ、レヴュー「ココリコ（コケコッコーの意)」の歌詞から「小さなココ」と呼ばれたことに始まるあだ名で、本書ではタイトルでのみ使用しています。また彼女に関わる人物は初出でフルネームと説明を示し、それ以降はファースト・ネームやあだ名、爵名など分かりやすい呼び名を採用しています。

まずはこの本を楽しんでお読み頂きたいです。そしてガブリエルの生きざまから何かを感じ取って頂けたら、この上なく嬉しく思います。

著者

壁はいくらノックしても
開くことはないわ。
ドアを探しなさい。

Message from Chanel

名案だと思ったのに……

長く取引している卸売りの会社が、最近うちのお店にいい商品を回してくれなくなった。それなら新しい卸し先を開拓しなきゃ。朝のミーティングで、店長がそんな話をしていた。だから私なりにアパレルメーカーやSPAを調べてリストを作った。

ところが店長はそのリストを見もしないで鼻で笑う。

「高階《たかしな》さん、それは君の仕事じゃないでしょ。余計なお世話だよ」

余計なお世話……私はショックで絶句してしまった。

「でも、『新しい卸し先を開拓しなきゃ』っておっしゃってたじゃないですか」

「それはもっと上の人たちの仕事だよ。高階さん、まだ入ったばっかりじゃない」

店長は苦笑した。お前の出番じゃないんだよ、と言いたそうな顔だった。

きっと私には、面倒な野心家という否定的なレッテルが貼られた。大して大きな店ではないから、ミーティングはみんなでする。だから私も当然メンバーのひとりとして、率先していろいろ考えたのに……

「店長、見るだけでも見てください。この『Lyra《リラ》』って会社、地方なんですが意欲的で……」

「私が連絡を取ってみましょうか？　様子を聞くだけでもどうですか？」

「なんで私のリストはダメなんですか？」

何を言おうと店長はまるで分厚い壁のように私に背中を向けて、頑として受け入れようとしてくれない。

やがて私を見ると本気で嫌そうな顔をするようになり、私も店長には戦いを挑むような口調でしか接することができなくなった。そのせいでだんだん仕事が憂《ゆう》鬱《うつ》になった。何をやっても楽しくなくなって、やる気が失せてしまった。

「私が新入社員だから店長が何も話を聞いてくれないって、おかしくないですか？」

ある日竹内先輩とお弁当を食べているとき、私はついグチってしまった。先輩は私と店長が険悪なのを感じていたらしい。

「すごいねー、そんなことやってたんだ。やる気あるじゃん。そのリスト、私も見ていい？」

先輩がご飯を頬張りながらそう尋ねるので、私は鞄からリストを取りだして渡した。どうせ店長が見てもくれないならこのリストに意味はないと思いつつも、自分の努力の結晶だから、クリアファイルに入れていつもお守りのように大事に持っていたのだ。


その数日後、店長がミーティングでｉＰａｄを見せながら言った。

「今度、地方の小さめのところなんだけど、この『Ｌｙｒａ』ってメーカーから買ってみようと思って。ちょっと連絡取ってみたらなかなか手ごたえもいいし、今後うまくすれば安定供給が望めそうなんだ」

——えっ？　それって、私のリストにあった会社！　私が店長にあれだけ勧めてたときは見てくれもしなかったくせに！

竹内先輩からの提案だったとすぐ分かった。先輩は古株で、営業では特に店長に頼りにされている。私は手柄を横取りされたと思って、はらわたが煮えくり返る思いだった。


ところが店長は私を気まずそうにチラリと見ると、こうつけ加えた。

「じゃ竹内さんと、発案者の高階さんも一緒に進めて」

驚いて顔を真っ赤にする私に、先輩が目配せした。

——え？　あ、そう言うこと？

先輩は店長にちゃんと私の話もしてくれていたんだ。一瞬でも先輩を疑って怒りに燃えた自分が恥ずかしくなった。

「先輩、ありがとうございます！」

後で頭を深々と下げると、竹内先輩は「さっさと辞めちゃう新人が多いから、最初は店長に信用されないのもしょうがないのよ。これからこれから」と慰めてくれた。


その日家に帰る途中、駅の改札前で工事中の壁をガンガン叩いている酔っ払いがいた。

「おいこら、なんで改札口なんか工事してんだ！　これじゃ駅に入れないじゃないか！」

みんな吹きだしそうになりながら通りすぎる。

駅員が走ってきて、すぐそばにある臨時改札口へその酔っ払いを案内した。酔っ払いは「なんだ、ちゃんとあるんじゃねえか」と言いながら改札口を入っていった。

壁なんか叩いたってしょうがないのに……。目の前ばっかり見てたから、すぐ傍《そば》にあった臨時改札口が目に入らなかったのかな。

壁……ふと、壁のように頑丈そうだった店長の背中が思いだされた。

――私、今の酔っ払いと同じだった？

新規開拓用リストを作ったら、まず営業で店長に信頼されている先輩に相談してみればよかった。全然相手にされない店長にいきなりガンガンぶつかるんじゃなくて、店長にきちんと話を通してくれる先輩を頼ればよかったんだ。そうだ、それに店長の態度が冷たかったのは、もしかしたら私が先輩を出し抜こうとしていると思ったからかも知れない。

私は壁の向こうに行くために壁自体をどうにかしようとばっかり思って、他に方法があるか俯瞰《ふかん》して考える余裕を持たなかった。いきなり壁に体当たりしてしまったんだ。

——なるほど、私のやり方の問題だったのか。

なんだかスッキリした。酔っ払いの変な行動から学んだ夜だった。

ベル・エポックという時代

「壁をいくらノックしてもドアには変わらないわ。ドアを探しなさい」

ガブリエルは「ドア」を使った名言をいくつか遺しています。

それは彼女が自分の世界とそうでない世界の違いをはっきりと認識し、そこに立ちはだかる壁の厚さを実感していたからでしょう。

一九世紀から二〇世紀初頭のフランスは工業化と都市化の時代でしたが、社会の歪《ひずみ》を補正するほどにはまだ文明が多角化されていませんでした。女性は男性主体の職場で働きたいなら、限定された職種と劣悪な条件に耐えなければならなかったのです。一方娼婦制度や愛人の存在がまだ広く認められていましたが、彼女たちは主人が上流階級でも基本的にその集まりに参加することはなく、関わることも許されませんでした。

　孤児院で育ったガブリエルは洋服の生地屋や仕立屋で働きましたが、いくら働いてもほとんどお金が稼げない厳しい生活から逃れるために、裕福な資産家だったエティエンヌ・バルサン、そしてその友人でやはり資産家のアーサー・カペル（別称ボーイ）の愛人として経済的支援を受けます。

　二人とも当時の男性としてはかなり先進的ではありましたが、それでもガブリエルが職業を持つことを嫌がりました。若いガブリエルは、まだ強く残っていた前世紀の風習に縛られていたのです。


　しかしながら、このころパリは大きく変貌していました。少し前に第三共和政が始まり、新しい都市を建設するために古い建築物や農場はことごとく破壊されて、三五万もの人がパリから追いだされました。大通りが造られ、それに面して石造の建物が建ち並ぶようになり、間もなく人口は百万人を超えて膨れあがります。やがて映画が発明され、第四回パリ万国博覧会の目玉としてエッフェル塔が建造され、地下鉄が開通し、デパートが誕生して大量消費時代が始まりました。

繁栄の時代、そう、「ベル・エポック」の到来です。

この時代には人々の生活や考え方が大きく変わりました。パトロンの目をなんとか惹こうと若い芸術家たちは新しい音楽や美術を生み、「リゾート地での保養」という今までなかった生活様式が誕生し、テニスや乗馬などのスポーツが文化として発展します。そしてこれらの新しい波を、新聞や雑誌といった新しい情報伝達手段がさらに広げていきました。

何もかも、価値観までもが入れ替わったこうした状況は、新しいもの、外のものを受け入れやすい環境でもありました。田舎生まれで貧しく素養もなかったガブリエルの前でさえも、パリの壁はどんどん壊されてドアに変わっていったのです。

大きな何かを
なし遂げたいなら、
まず夢を持つことから
始めなさい。

Message from Chanel

「私、大きくなったらバレリーナになるの」

陽菜《ひな》は小学校低学年のころからこんなことを言っていた。体が柔らかいわけでもジャンプ力があるわけでもなく、容姿も平凡で、バレエの発表会ではいつも隅っこか後ろの列だった。

陽菜と私は同じ歳で同じバレエスクールに通っていたが、発表会では私がいつも真ん中で踊っていた。股間が二重関節だったのでストレッチなどしなくても綺麗なポーズができたし、背も大きめで顔もみんなから可愛いとよく言われた。体を動かすのは気持ちよく、少しずついろんな技術も身につくので、私はバレエが大好きだった。

「桃花《ももか》ちゃんのアラベスク、すっごい綺麗！　足が高ーく上がってて！」

「えー、そんなことないよ。陽菜ちゃんこそ、ピルエット全然ぶれないでできるのすごい！」

「桃花ちゃんもバレリーナになりなよ。一緒に踊ろうよ！」

陽菜はよく私を褒《ほ》めて誘った。私たちはバレエの話ばかりして、胸を躍らせていた。

「私もバレリーナになりたい。陽菜がなるんだって」

小学校五年のある日、私は夕ご飯を食べながら母に言った。だが父も母もこの訴えを本気で取り合ってくれなかった。

「何を夢みたいなこと言ってんだ？　バレエで食べていける人なんか、世界にほんの一握りなんだぞ。お前がそんなものになれるわけないだろう」

「バレエ学校ってものすごく高いし、練習も大変なのよ。桃花には無理よ」

私は両親がこう言うだろうとなんとなく想像していたし、バレリーナになるのはエベレストに登るよりも大変で、平凡な家庭に生まれて特に才能のない私には不可能なのだと知っていた。

「バレリーナ、ダメだって」

私が凹みながらそう言うと、陽菜も同じくらいガッカリしていた。

「うちも。バレエなんかそのうちに飽きるって」

私ははっきりと天井を指し示されたことで返って諦《あきら》めがつき、小学校を卒業したらバレエもやめてしまった。

中学校になると私は吹奏楽部に入って毎日の放課後を楽しんだが、陽菜は部活にも入らず、授業の後、忙しなくバレエ教室に通っていた。レッスンが大変らしく、休み時間は机に伏して寝ていることが多くなった。体育が一緒のときにポワント（トウシューズ）のせいで陽菜の足の爪先が酷《ひど》く傷んでいたのを見て、ここまでやるかと驚いたものだ。それに以前はぽっちゃり体型だったのに、いつも食生活に気をつけていたお陰で次第にスラリと細くなって、長い首とバレエに特徴的な外股歩きが目立つようになっていた。

「陽菜、この前のバレエコンクールで二位に入ったんだって」

陽菜のクラスの友だちからそう聞かされたとき、私は正直ショックを受けた。だって私のほうがうまかったのだから、私がバレエを続けていたら優勝できたかも知れなかったのだ。

たまたま陽菜に学校の廊下で会ったのでおめでとうと言うと、陽菜は顔を輝かせた。

「聞いて桃花ちゃん！　親がね、遂にバレリーナ目指していいって言ってくれたの！」


　その後、陽菜は日本の高校に行かずに、ヨーロッパのバレエ学校に留学した。

「そんなお金かけてバレエやらせたって、どうせバレエの仕事なんかなくて帰ってくるんでしょ。どうするつもりなのかしら」

「通訳とか旅行会社とか、語学を使う仕事があるだろう。高い語学留学だよ」

　私の両親はそう言った。私もそう思った。いや、思いたかった。心のどこかで陽菜に失敗してほしかったのだ。私より下手だったのにバレリーナになる夢を諦めなかっただけで夢を叶えられたなんて、そんなの悔しすぎる。

　その後私は特に好きな教科もなく一生懸命勉強もしなかったので、誰でも入れる大学の、興味があるわけでもない学部に進学した。


　ところが大学一年の夏、私は衝撃的なニュースを聞いた。陽菜が現地の有名バレエ団に入団したという。留学後にぐんぐん実力を伸ばし、コンクールで立て続けに優勝して、すでに周りからバレエ団の入団は当然と言われるほどになっていたそうだ。

「夢を諦めずに、毎日地道なレッスンを続けた成果です」

テレビのニュースで嬉しそうに笑う陽菜を見て、私は完敗したことを知った。

あのとき諦めずに両親を説得していたら。毎日努力してコンクールで優勝して、父や母がこれなら留学してもいいと言ってくれるくらいになっていたら。それだけのエネルギーはあったのに、大人の常識に押されて勝手に自分の夢を結論づけてしまった。それがただただ悔やまれる。

ガブリエルの生い立ち

ガブリエルは一八八三年八月一九日、フランス西部の町ソミュルでシャネル家の次女として生まれました。

父アルベールは女たらしで働くのが好きではなく、一か所に留まることも苦手な性質でした。母ジャンヌとはたまたま部屋を借りた家主の妹を妊娠させ、追いかけてこられたので渋々結婚したというだけでしたから、ガブリエルが生まれた日に父はそこにおらず、出生証明書にも署名していません。一方その後もうひとりの女の子と二人の男の子を産み、青春時代に命を削って働き、夫と子どもたちに尽くしたジャンヌは、三一歳（または三三歳）で病死してしまいます。

父と親戚に見捨てられた娘三人はフランス中南部にあるオバジーヌの修道院に預けられ、息子二人は農場の下働きに送られました。それまで両親と引っ越しを繰り返し徹底的に世俗的な世界で暮らしてきたガブリエルは、突然社会から隔離された空間でキリスト教と家事しか習わない毎日を過ごすことになるのです。

一八歳になると今度はフランス中部の町ムーランにある修道院に移りますが、ここには一般の女学生もいました。ガブリエルは食事も祈祷も彼女たちより一段低いところに座り、養育を受ける代わりに内職や家事をしなければならなかったので、その屈辱感と劣等感は相当なものだったでしょう。

古都ムーランは近隣にある陸軍連隊の守備隊に属する家柄のいい将校たちが買い物にやってくるため、さまざまな商店や飲食店が並ぶ活気のある町でした。都市化が進み、マス・メディアが大きく事業を拡大し、新しい生活様式が取り入れられた胸躍る時代だったにもかかわらず、ガブリエルは大好きな小説一冊も買えませんでした。

ここで騎兵隊に所属していたエティエンヌと知り合って愛人となったガブリエルは、ムーランの南にある高級保養地ヴィシーに連れていってもらい、貴族やお金持ち、身分の高い外国人らと接します。さらにエティエンヌがパリの北東にあるロワイヤリュに持つ城に住み、そこでは男女の駆け引きや派手な暮らしも体験しました。彼女は二〇歳代前半にして、社会のあらゆるところにいる人々を見たのです。

そんな若いころを回顧して「私の人生は楽しくなかった。だから自分で自分の人生を創造したのよ」と言うガブリエルは、こんな結論を導きだしました。

「大きなことをなし遂げたいなら、まず夢を見なきゃ」

女性にはまだ参政権もなく、竈《かまど》の前が居場所とまで言われていた時代に、ガブリエルは自立と自由を目指しました。それがどんなに荒唐無稽に聞こえようと、修道院の生活に戻ることなく檻の中の生活から脱却するためには、他に道がなかったのです。

この世界には、
理想の自分と
現実の自分がいる。
目を開けて、
その両方をちゃんと見て。

Message from Chanel

アイプチ、ビューラー、薄っすらファンデとリップ。前髪は綺麗なバーコード、爪もネイルに行ったばかりで完璧。

制服はちょっと皺があって、靴も磨いてないけど、その辺はそんなに大事じゃない。みんな、そこはあんまり見ないから。

やっぱりまずは顔、そして細い二の腕。四六キロのシンデレラ体重目指して昨日から何も食べてないから、ちょっと気分が悪い。身長は一六〇センチちょうど、今朝体重計に乗ったら四六・八キロだったので、あともう一息……

昼食のころ、心愛《ここあ》はフラフラになりながらコンビニで買った小さなサラダボウルを開けた。

「ねえ心愛、いくら大会前だからって、そんなに食べないと倒れちゃうよ」

そう言うクラスメートの帆夏《ほのか》は身長一五五センチで体重四一キロ、ほぼモデル体重だ。腕も足も腰もほっそり、肌は白く、目もぱっちりして韓国のアイドルみたいに可愛い。帆夏は小さいお弁当箱の三分の二を食べて、お腹がいっぱいだと言って残した。

「帆夏、心愛！　今日の部活、三時半からに変更になったからね！」

隣のクラスの菜月《なつき》が通りがかりに声をかけてきた。心愛たちは三人ともダンス部で、菜月は部長である。今日は昨日撮ったリハーサルの動画を見て、反省会をする予定だ。


放課後、心愛はお腹が空きすぎて気持ちが悪かったけど、水筒のお茶も飲み干してしまったので水道水をがぶ飲みしていた。そこに菜月がやってきた。

「心愛、顔色悪いよ。大丈夫？」

菜月は特別色が白いわけではなく、心愛とほとんど同じ身長で五二キロもある。部活の帰りによくファーストフード店に寄っているし、前髪は真ん中分けで、肌にはにきびがあちこちに見える。クラスで一番上のカーストにいるわけではないが、何人かの元気がいい女の子たちと一緒にいることが多い。でもひとりで歩いていているのもよく見かけるから、わが道を行くタイプの子なんだろう。話し上手で世話好きで、成績もそこそこいいので部長は適任だ。

部室に入ってみんなでぎゅうぎゅうに並び、リハーサルの動画を観た。画面の中では観客代わりに、一年生が前で手を叩いたり盛りあげたりしてくれている。シャープでアップテンポな曲だから、みんなできるだけカッコをつけて踊っている。心愛は菜月や帆夏と一緒に最前列だったので、カメラの位置を確認してキメるところはきっちりカメラで視線をとめてキメるよう意識していた。

ところがいざ動画を観て心愛は愕然《がくぜん》とした。まず目に入るのが菜月、そして次に帆夏。心愛なんかまったくといっていいほど目立っていないのだ。

いや、むしろ悪目立ちしている。

一番前の列にいて、動画にはちゃんと映っている。なのに変に鶏ガラみたいにガリガリで、周りをキョロキョロしながら棒みたいに踊っていて、ときどき恥ずかしいくらいカッコつける。踊りがダサくて、これじゃただのイタい子だ。

——なに、これ？　思ってたのと全然違うんだけど……

心愛は恥ずかしさで真っ赤になり、それからショックで真っ青になった。

センターでカッコよく踊る帆夏のダンスはキレが良く一番上手だし、細いからスタイルもよく見える。だがなぜかすぐに飽きてしまって、隣の菜月に目がいく。その菜月は実に楽しそうにリズムに乗って踊るので、みんなの目が菜月のところでとまって手拍子を始める。踊りは特別上手ではないが、なぜか目立った。

想像では、心愛は菜月と帆夏を合わせたようなカリスマの光を放ちながら踊っているはずだった。最前列で注目を浴びるから、痩せて完璧に顔や服装を整えてリハーサルに臨んだのに……なんで？

理由は簡単だ。心愛はダンスが下手なのだ。

そのうえ全然楽しそうでもない。動画を撮っているのも知っていたし、一年生が目の前にいるのだから見られているという意識はもちろんあった。ただ菜月のように見る人に向けて踊ることはなかった。そして帆夏のように上手くもない。なんなら最後のほうで一か所フリを間違えて、ドタバタしている。まるでピエロみたいだ。

心愛は涙が出そうになった。自分が想像していた自分と、実際動画で見た自分は全然違っていた。もっとカッコよく踊って、スラリと綺麗にポーズを決めていると思っていた。動画は引きで固定だったし、スポットライトが当たって舞台が明るくなっているから、顔なんか小さくて白くて見えない。前髪もアイプチもよく分からない。がんばるべきは、そこじゃなかったんだ。

それから心愛は必死でダンスの練習をしている。スマホで動画を撮って自分と帆夏のダンスを比べ、鏡に向かって菜月のような明るい表情が自然とできるように毎日努力している。

「心愛、最近すごくがんばってるね」

帆夏が褒めてくれたとき、心愛はこう答えた。

「だって、現実見ちゃったんだもん」

理想は菜月の微笑と帆夏のダンス。本大会には間に合わないだろうけど、次の大会までには少しだけ理想に近づきたい。

心愛はそう願いながら、部活の帰り道に菜月とハンバーガーにかぶりついた。

ヴィシーでの挫折

小さな修道院を出てムーランの町で働き始めたガブリエルは、小遣い稼ぎにカフェ・コンセールで歌い、そこでエティエンヌと出会います。そしてその後もっと大きな仕事を期待して、六〇キロほど南の温泉街ヴィシーに引っ越しました。

ところがそこでガブリエルは自分よりも歌も踊りも上手く、美しく、魅力的な女の子たちがたくさんいるという事実に打ちのめされます。しかも彼女と一緒にヴィシーに出向いた二歳年上の叔母アドリアンヌは、すぐに自分が舞台に向いていないことを悟り、先にムーランに引き返していました。そして男爵の愛人となり、ひっそりと、しかし落ち着いた日々を送っていたのです。

ガブリエルはヴィシーでなんとかひと花咲かせようと奮闘しました。ところがオーディションでもレッスンでも自分が一番下手……そんな劣等感に苛《さいな》まれながらも、必死で高いドレスを買い、外見を飾って雇ってくれる人を探しました。

しかし結局ガブリエルは継続的な仕事を得ることができず、ムーランに戻ります。

ヴィシーの華やかな世界に入りたくても入れなかった、歌でも踊りでも仕事がもらえない自分。このときガブリエルは、自らの外見と芸能の才に失望したことでしょう。

「この世界には、理想の私とそうでない現実の私がいる」

現実と理想を比較して現実に満足する人はいません。ところが現実の自分を知ってショックを受けると、大抵はその事実を認めないか、認めてもそれを環境や他人のせいにするものです。挫折とその理由を受け入れる強さがないのです。

一方ガブリエルは後に「ヴィシーで人生と視野の広さを学び、新しい目標を見つけることができた」と言っています。彼女は理想と現実の距離を測る客観性、そしてプライドを捨てて現実の自分を受け止める強靭な精神力を持っていました。だからこそ、人生の目標を新しく切り替えることができたのでしょう。

稼いだお金は、
自分が自立した
一人の人間だってことの証明よ。

Message from Chanel

幼馴染の舞は、小学校のころからお金にうるさかった。

遊んでいるときみんなでちょっと買い食いをすると、いつもお小遣いが少ないから買えないと言って優しい子からお菓子を分けてもらっていた。逆に自分が何かを買って誰かに分け与えるということはほとんどなく、珍しくそういう場面になるようなら散々ごねてから「今度は私にもちょうだいよね」と念を押すのだった。

舞の家は大酒飲みの父親と病気がちな母親、そして弟の四人家族だった。弟は中学校に入るころからグレ始めて、家に寄りつかなかった。舞も高校はあまりちゃんと通っていなかったと思う。

高校を卒業後宅配会社に就職すると、舞は手当が出るので夜間や週末、祝日を選んで出勤するようになった。みんなと遊びに行く機会は減ってしまったが、ときどき会うと毎月ちゃんと収入がある暮らしがいい、一円でも多く稼ぎたいと言っていた。

　私は看護学校を出て隣の市にある病院の看護師になったが、ある日院内で舞の母親を見かけた。以前よりも顔色が悪く、ガリガリにやつれ、はるか昔に染めて変色した髪の毛は針金のようにボサボサだった。

「お父さんが肝臓を悪くして入院してるのよ。本当なら私が病院にいたいくらいなのに……舞は仕事ばっかりで家にいないし、弟のほうはとっくに家を出てっちゃったし」

　母親は暗い顔でそう恨《うら》み言を連《つら》ねたが、どうやら父親の入院費を出しているのは舞らしかった。そんなに働いていると聞くと、高校のときに遊び歩いていた彼女を思ってその健気さに心が痛む。

　それでも母親は舞のことを褒めはしなかった。

「彩ちゃんは看護師さんなんて立派な仕事に就いていていいわねえ。舞は相変わらず宅配……運送……だったかなあ？　女のくせにそんな力仕事してて、お給料も安くてねえ」

その数日後、たまたま宅配中の舞に出くわした。茶髪と同じような色にまで日焼けした顔に汗を光らせ、明るく微笑みながら大きな声で私に声をかけてきた。

「仕事、楽しいのよ。今度駅前の支店を任されることになってさ」

「支店長さん？　すごいじゃない！　お給料も上がるんでしょ？」

舞は昔からお金の話ばかりだったから、きっとそこが一番大事なんだろうと思って私は話を振った。

でも舞の答えは違っていた。

「そうでもないんだ。雇われ店長だし、もともとそんなに支払いのいい会社じゃないし。でも、ま、楽しいから」

なんだか今まで見たこともないような爽やかな表情だ。しかもお金のことをあまり気にしなくなった。それほどまでに今の仕事が好きなのだろうか。

どうやら舞には、同じ会社で働くカレシがいるらしい。そのカレシが近く独立して運送会社を始めるから、ゆくゆくは結婚してそちらを手伝うことになるそうだ。これを聞いて驚いた。舞は私なんかより、よほど先のことまでしっかりと考えている。

「お父さんの入院費用、舞が払ってるんでしょ？　偉いよ」

「ああ……ま、今は仕事が忙しくてお金使わないから、そのくらいは出してやるって言ったのよ。お陰で親からはスネカジリだの稼ぎがないんだから家の手伝いをしろだのって言われなくなって、スッキリ」

舞はまた爽快に笑った。


舞にとって、お金は自分の立ち位置を決定する要素なのだ。きっと学生でいる間は、いつもお金のことを言われたのだろう。だからお金がほしくて必死で働いていた。そうしたら仕事が好きになった。

父親の入院費を出す舞は家族の最高位に取って代わった。だが働くこと自体が楽しい舞にとっては、お金は家族を黙らせる道具でしかなくなった。お金以外に人生の価値を測る道具を見つけたのだ。

舞は明るく手を振って忙しそうに去った。五円、十円で形相を変えていた以前の舞とは別人になっていた。お金は人を汚くするだけかと思っていたが、こうやってお金から何かを得て新しい世界を切り開いていく人もいるのだ。

女性の立場と職業

ガブリエルが生まれた一九世紀末のフランスでは、女性には市民権も参政権もなく、特に既婚女性は一成人としてすら認められませんでした。子どもに大人の保護者が必要なように、女性が存在するためには男性の庇護が不可欠だったのです。

ところが貧しい男性は女性を養うことができませんから、貧しい女性は豊かな男性を求めて街に集まります。当時、パリの人口の三〇人に一人が売春で稼いでいたと言われています。娼婦には登録済、売春宿付、番号付、そしてフリーなどさまざまなタイプがありました。

孤児院出身のガブリエルも裁縫などの内職をしつつ、自由な恋愛をしながら裕福な男性パトロンを探す「グリゼット」というもっともお手軽な娼婦を目指しました。グリゼットになればその上の「ロレット」、さらに高級娼婦「クルティザンヌ」になれる可能性もあります。クルティザンヌは華やかで贅沢な存在で、今でいえば売れっ子芸能人のように憧れられ、注目されました。

また娼婦とは別に、「リレギュリエール」や「ファム・ギャラント」と呼ばれる特定の男性の「囲われ愛人」もいました。

豊かな男性は自分より下の階層の女性を愛人に迎え、同棲はせずに住処を別に与えるのが普通でした。愛人は時として発言力を持つこともありましたが、それも主人が出ていけと言えば終わる砂上の楼閣です。そんな刹那的でストレスフルな日々の中、愛人の多くはアルコールや薬物に溺れ、荒んだ生活をしていたようです。

ガブリエルはエティエンヌの愛人になって日々の生活の心配をしなくて良くなっただけでなく、彼の城に一緒に住むようにもなりました。これはかなり珍しいことでした。ただしこの城には、すでに他の愛人もいました。

どんなに豪華な暮らしや身なりをしても、愛人も愛人が使うお金も主人のものです。しかも追いだされたら終わり。エティエンヌにどれだけ理解があろうと、外の世界を知っているガブリエルにとって、それは窮屈で屈辱的な狭い世界だったでしょう。

「お金とは自由を意味する。ただそれだけ」

これはガブリエルが残した言葉ですが、例え一円でも、あなたの名前であなたが正規に稼いだお金はあなたのものです。稼ぐことができるということは、あなたが自由の身であることを意味しているのです。

実際ガブリエルは自分がしたい仕事によって自由を手に入れたとき、その素晴らしさを「これ以上の愛を味わったことがない」とまで表現しています。

「最初はお金がほしくて働く。でもお金を稼ぎ、その仕事が好きになると、お金は自立のシンボルでしかなくなるの」

当時の女性にとって自由に働き、稼ぐということがどれほどの夢だったのか、私たちには想像がつきません。ただわずか一二〇年ほど前はこういった風潮が当たり前だったことを考えると、ガブリエルがその時代を変えた女性の一人なのは間違いありません。

自分らしく在《あ》ること、
それこそが美しさよ。

Message from Chanel

「この子、いいよなー」

島本君はお気に入りのアイドルが歌番組に出ているのに気がつくと、私に同意を促すようにそう呟いた。

色白で、髪の毛は真っすぐで光沢のある黒髪。頬は綺麗なピンク色、大きな瞳とはっきりした涙袋。ちょっととんがったおちょぼ口だけど唇は厚め。細身なのに胸は大きくて、ぴったりしたミニスカートのお陰で腰から足の曲線が綺麗に浮かぶ。

「めちゃめちゃ可愛くない？　楓《かえで》はこういうミニスカート着ないの？」

「はー？」

私がキツめに聞き返すと、島本君は「ウソウソ」と苦笑した。

「いや、うちのおばあちゃんがミニスカート好きでさ。昔アメリカ人でチョー可愛いモデルがいて、憧れてたんだって。写真見たことあるんだけど、確かに可愛いんだよ。ミニスカートでさ」

どうやら島本君自体がそのモデルを気に入っているらしい。でもそのときはミニスカートに興味を持つなんて自分らしくなくて恥ずかしいと思って、無関心を装って吐き捨てるように答えた。

「へえ。でも私は着ないな、なんか私らしくないよ」

私は別に色白ではなく、目も大きいわけではなく、ガリガリで胸はなく、背が高めだ。それに介護施設で働いているから髪の毛が長いと邪魔なので、ベリーショートにしている。ぱっと見、女っけは全くない。

この体つきにはボーイッシュな服装が似合うのと、男兄弟の中で育ったせいもあって、一番馴染みのあるシャツとパンツで過ごすことが多い。パンツの裾丈に気を配ったりシャツの色を工夫したりはしているが、もともとそれほどお洒落でもない。島本君もファッションに関しては興味も予算も平均的だから、私になんの文句も言わない。

そりゃ、私もアイドルみたいなピッタリしたミニスカートを履いてみたい。でも私らしくない服は嫌だ。自分が服に気を遣って疲れてしまう。

そう思っていた矢先、大きな会場でいくつものブランドが参加して行われるセールの案内メールがきた。

――これなら試着にかこつけてミニスカートが着れる！

早速セール会場に出かけ、引くほど混雑する試着室に何回も並び、黒いレザーや赤、紫などのミニスカートを試着してみた。

ところがどれも似合わない。体格のせいか、髪型のせいか、それとも着慣れていないからか、女装に興味のない男性がジョークのために仮装をしているみたいだ。

ものすごく惨めな気持ちになって何か所めかのブランドの試着室を出ると、私くらいの年齢の店員さんが近づいてきた。

「お気に召しませんでしたか？　どういったスカートをお探しですか？」

「あー、着たいのが似合わないんで……いつもの自分らしいのを探し直します」

するとその店員さんは、苦笑しながら私を諌めるように言った。

「『いつもの』は、いつも着てるんだから要らないじゃないですか？　これだけあるんですから、そんなに簡単に妥協したらもったいないですよ」

「え？」

「お客さまが一番着てみたい服が一番お客さまらしい服ですよ。その服がお客さまの好みに合ってるから、着たいって思うんです。そういう服、お探しするの手伝いますよ」

店員さん一流の口のうまさなのかも知れないが、これに私は感心した。

――なるほど。この人なら相談できるかも知れない。


その日私は散々あれこれ悩んだ挙句、ざっくりとしたIラインで膝丈、くすんだブルーのワンピを買った。そして島本君とのデートにそのワンピと派手な柄のタイツ、そしてちょっとレトロな太いベルトがついた赤いヒールを履いていった。

全部先日の店員さんの受け売りである。膝なんか出して歩いたことはほとんどなかったから恥ずかしかったが、渋谷という場所柄で許される気がした。

待ち合わせ場所にいた島本君の第一声はこうだった。

「え！　可愛い！　ツイッギーみたいじゃん！」

ツイッギーというのは一九六〇年代に一世を風靡したアメリカのモデルで、ベリーショートとミニスカートがトレードマークなんだそうだ。前に話していた、島本君のおばあちゃん憧れの人だ。

「そういうカッコもいい！　てか、似合うよ」

そう言ってもらったせいかも知れないが、その日の体験は新しかった。すれ違いざまに私を上から下まで眺める女の子や振り向いて見直す男子もいて、こんなに人目を感じることはなかったので恥ずかしかったが、嫌な視線ではなかった。島本君は素直に嬉しそうだったし、私もちょっと気取って歩くのが楽しかった。

そして一日過ごして驚いたことに、全然気疲れもせず、またミニスカートを履きたいと思った自分がいたのである。

自分らしい服というのはいつも着ているものや、いかにも着そうな服のことではない。自分が着たい、着ると自分を素直に出せる、楽しい服のことなのだ。

きっとこれは服だけの話ではない。自分らしさとはしたいことをしている自分、それを楽しんでいる自分のこと。自分らしさを出しているときの私は輝いているのだもの、美しいに違いない。

乗馬服のガブリエル

「美しさは、自分自身になろうと決めた瞬間に生まれる」

今でこそ聞きなれたフレーズですが、この発想を大々的に商業ファッションに最初に取り入れたのはガブリエルかも知れません。
女性は女らしさを演じるのではなく、自らの内なる自然な美しさを表現すべきだという考えは、彼女の根底に常にありました。動きやすい服は、心も解放する。女性が自由になるためには、服装も自由でなくてはならないのです。

ガブリエルがエティエンヌの愛人になったころ、乗馬をする女性は最先端を行く、否、いささか先を行き過ぎるとすら考えられていました。ところが若い彼女はこの娯楽にすっかりはまってしまいます。

ただしそこでのガブリエルはテーラード・ジャケットと長いスカートという女性の服装ではなく、男性が身に着ける半袖シャツ、ネクタイ、男性用ジョッパーズを好みました。この姿は動きやすかっただけでなく、「動きやすいことが一番大事」という彼女の信念の表現だったのでしょう。

いずれにしても男性の姿で馬に乗る彼女は人々の注目を浴び、いろんな憶測を呼んだようです。ガブリエルはこのように時として奇をてらうことを好みましたから、周囲の騒ぎを見て「してやったり」とほくそ笑んだかも知れません。

さらにガブリエルはこの男性用の乗馬服姿で、エティエンヌに連れられて競馬場に通うようになりました。このころ一般市民にも娯楽という概念が広まり、なかでも競馬場はいろいろな人に知り合うお洒落な一大社交場となっていました。

ところがそこで彼女は山高帽ではなく、つばの広い帽子に自分で最小限の装飾を施した、フェミニンなフェルト帽を被ったのです。男性用の服に女性用の帽子、この姿は競馬場の話題を一気にさらいました。

当時フランスでは男女を問わず帽子を身に着けるのが習わしでしたから、このガブリエルの手作り帽子はすぐに女性の注目と興味を惹きました。ビジネス・チャンスを感じ取った彼女はエティエンヌを説得し、一九〇九年、二五歳のときにパリのマルゼルブ通りに小さな帽子店を開くことになります。

才能？
そんなの、誰だって持ってるわ。
大事なのは
それを引き出すことよ。

Message from Chanel

ママ友の詩織がおにぎり屋を始めると聞いたとき、私は正直呆れた。詩織はナチュラル派で、息子の大和くんの幼稚園のお弁当にもすべて手作りの凝ったおかずを入れていたから、料理が好きなのは知っていた。

ただ、そのお弁当はあまり美味しそうではない。強い塩味は体に悪いからと味が薄かったり、彩りより栄養といって見た目を工夫しないので、大和くんのお弁当は「おばあちゃんのご飯」と笑われることもあったようだ。

私も一度もう少し見た目を楽しげにしてはどうかと忠告したことがあったが、詩織は「外見だけ気にする人間になってほしくない」と耳を貸さなかった。

そういう持論を守る人だったので詩織は自分の服装も至ってシンプルで、着心地は良さそうだが安手で地味な服を入れ替わりに着ていた。だから不潔にこそ見えないが、貧乏くさい雰囲気は否めなかった。

その詩織が始めたおにぎり屋は寂れた商店街のなかの間口一間ほどの小さな店

で、思った通り外装も何屋さんか分からないくらい地味だった。メニューも梅干しや鰹節、鮭などオーソドックスなものばかり。

私が買いにいったときはもう午後二時を回っていたのに、売り物はかなり余っていた。

ラップに包まれたおにぎりを口に入れてみる。

「食べてみてどう？　正直な感想を聞かせて」

「うん……薄味で、体にはいいんだろうなって思う。でもこういうのはコンビニでも売ってるし、親も簡単に作れるんじゃない？」

詩織は不満そうだった。炊き込みご飯や珍しいものを中に入れ込んだおにぎりは確かに目新しいが、本当の食材の味が楽しめないと言うのである。

「味を変えるつもりがないなら看板をもっと目立つようにするとか、SNSで宣伝するとか、なにかしらで注目してもらわないとダメじゃない？」

「でも私、そういうの苦手で……」

そう、詩織は派手に飾ったり、大きく宣伝したりするタイプではない。そもそもSNSもほとんどやっていない。正直、この店は長くは保たないな、と思った。

ところがそれから半年も経ったころ、別のママ友が言った。

「今日から詩織のお店でアルバイトするのよ」

聞けば、お店が忙しくなってひとりでは手が回らないのだと言う。

しかもお店の場所もメニューもそのまま、味もいつもの「詩織風薄味」。

——それなのに繁盛している？

にわかには信じられない話だった。しかし最近詩織が大和くんを幼稚園にお迎えにきても走るように帰ってしまい、つき合いが悪くなったのはそのせいだったのかと合点がいった。


そこで詩織のお店に出かけてみた。

外観は相変わらず地味ではあるが、クリーム色の壁に蔦《つた》を這《は》わせ、お店の前に青いベンチを置いて可愛らしく映えるよう変わっていた。以前と変わらないおにぎりがショーケースに並んでいる。いや、心持ち小さくなった。

そこに二人の女子高生が、楽しそうに笑いながら走り込んでくる。

「すいませーん、鮭と昆布！　あー、お腹空いた。今日、部活きつかったねー」

「私、焼き味噌とおこわと……小さいから三ついこうかな。あ、電子マネーで」

ふと見ると、詩織が手際よくおにぎりを包むその紙が赤や緑、黄色に青といったかなり派手な色になっていた。

それから学生のスマホをカードリーダーで読み取っている。

「ここ、学生の帰り道なの。映えるようにして、気軽にお菓子感覚で買ってくれるように小さめにして、ワンコインの一〇〇円に設定して、電子マネーも取り入れたら大成功！」

嬉しそうに詩織が見つめる視線の先の女子高生たちは、手に持ったおにぎりをベンチの前にかざして写メっていた。

「ああやってSNSに載せてくれるおかげで、結構遠くからまとめ買いにきてくれる人もいるの。私もがんばって勉強してお店のSNSを始めたのよ」

「ええっ、詩織が？」

詩織のお店のアカウントを教えてもらって見てみると、「冬は乾燥しているうえ、水が冷たいと吸水スピードが遅くなります。だから夏より長めに浸漬！」という文言とともに、米を研ぐ詩織の写真が載っていた。

おにぎりの作り方や仕入れ先の情報をこうやって小出しにしているのだ。

詩織は自分の信念を曲げず、メニューを変えずにお店を成功させた。私は驚いてしまった。

こんな才能があるとは思わなかった。彼女は、自分から人に何かを発信したり流行を感知することに長けた人間ではないと思い込んでいた。

「今は、どうやったらもっと広く知ってもらえるかなって考えるのが楽しくてしょうがないの。このお店を始めて、自分でも自分の意外なところが分かってビックリしてる」

詩織は嬉しそうに笑った。

シャネル・モードとガブリエル・シャネル

一九〇九年にパリのマルゼルブ通りに帽子店を開いたガブリエルは、翌年には一等地に洋服店を開こうと考えます。さらにビジネスの拡大を狙った彼女は一区のカンボン通りに目をつけますが、ここにはすでに仕立屋があったので、被らないようにということで帽子やニットウェア、そしてジャージーを扱うことに決めました。

『シャネル・モード』の開店です。

このころ、ガブリエルの心はエティエンヌからその友人のアーサーに移ります。イギリス人だったアーサーは自分の国の、そして新しい時代のファッションや振る舞いを教えてくれました。彼との恋愛がガブリエルのデザインの才能と商才を開花させるきっかけになったのは間違いないでしょう。

さらに一九一三年、彼女は「ノルマンディー海岸の女王」といわれたリゾート地・ドーヴィルにブティック『ガブリエル・シャネル』をオープンします。ここはパリから行きやすく、競馬場やポロ競技場、カジノ、テニス・コートやゴルフ・コースも揃った「フランスの夏の首都」とまで評されるほどの贅沢な街でした。ガブリエルはリゾート地でくつろぐためのジャケットやセーター、ロングスカートなどを作り、美しいアドリアンヌに着てあちらこちらへ見せ回ってもらいました。友人たちには知り合いや通りがかりの人にまでも声がけをお願いし、雑誌にもどんどん載せてもらいます。

このときガブリエル以前にデザイナーとして評判を博していたポール・ポワレが、その大ファンでセレブ中のセレブだったダイアン・ロスチャイルド男爵夫人を怒らせる事件が勃発します。男爵夫人はこの事件の後、ポワレより新人のシャネルのほうがいいと社交界に触れ回りました。そのお陰もあってガブリエルのお店は息もつけないほど大繁盛になります。

ガブリエルはファッションの才能だけでなく、商才に非常に長けていたのです。特にドーヴィルの『ガブリエル・シャネル』について後に彼女は成功を確信していたと言っていますから、このビジネス拡大にはかなりの手ごたえがあったのでしょう。

ただこの能力は、何もしなくても発揮されたものではありません。時代、ロケーション、資本などの枷《かせ》をクリアしつつ、当地の女性たちが求めるものの一歩先を読む能力――これはガブリエルが世間の荒波に揉まれたことによって得た経験、エティエンヌやアーサーから学んだ教養やふるまいなどによって引きだされたものですが、これらがあってこそ絶妙のタイミングで引きだされたのです。

「天才は生まれつきのもの、才能は引きださなきゃいけないもの」

これは、自身を天才とは呼ばなかった彼女の実感から生まれた一言です。

しかしこの当時の著名な諷刺画家ジョルジュ・セム（グルサ）は、ポロをするケンタウルスの姿をしたアーサーがガブリエルを抱きかかえ、「ココ」と書かれた帽子箱を腕にひっかけている画を描いています。ガブリエルはファッションの世界で生きることに強い自信を示しましたが、一方で世間はまだ彼女をアーサーに庇護された愛人と認識していたのでしょう。

欠点も味方にしちゃうのよ。
そうしたらあなたは最強になる。

Message from Chanel

私は大食いだ。こってり系のラーメン屋に行ってもペロッと汁まで飲んでしまうし、焼き肉は一人前で足りたことがない。

だがかつて居酒屋で、ちょっと好意を持っていた先輩に「よくそんなに食えるな。残すのがもったいない？　所帯じみてるなあ」と言われたのがショックで、それ以来大食いは隠すようにしている。

今、私は必死で演じている。テーマは上品で賢く、少し内気なしっかり者。なんだかんだでモテる女性の王道だ。服装もそれに合わせ、振る舞いにも極力気をつけている。

こういう女性はカツカレーをぺろりと食べきったりしないから、お皿の真ん中にチョロッと載ったパスタと小皿みたいな器に入ったサラダで我慢している。

会社では最大三か月の契約しかしない派遣社員だから、そのくらいの期間演じきることはできるだろう。

問題は夕方からのスイーツ・コンシェルジュの教室である。料理が得意なわけではないが、スイーツに詳しければ女子力がアップするだろうし、SNSに写真を載せてもそれっぽいことが書けるし、なんならブログを始めてもいいかもというちょっとした野心もあって、数か月前に通い始めた。

ところが夕方遅く教室が始まる時間には、すでに体力も気力も一日の七割以上が失われている。

さらに悪いことに会社が終わってから教室が始まるまでに十分な時間がなく、軽食を取ることもできないので、教室が始まるころには死ぬほどお腹が空いている。普段派遣先では小食をアピールしているから、終業後は速攻で帰宅して思う存分夜ご飯を食べるのが一日の至福のときなのに、この教室がある日は食事の時間が遅れてしまうのだ。

「もう少し力を入れてかき回してみましょうか」

「はーい、分かりましたあ」

「センセー、このくらいでいいですかあー？」

講師は中年男性で、南青山でちょっと知られたお店のオーナーパティシエ。先生の落ち着いた声と、高くて甘い生徒の声が交錯する微妙な空気の教室。

今日は今までに習った技術を使って、デコレーションケーキを好きに飾ってみようという日だった。

「みんなと同じじゃなくて、自分が飾ってみたいように自由にやってみてください。みなさんのセンスが問われますよ」

「ヤバーい、見られたくないもの見せちゃう」

先生の声に生徒たちが笑う。だがその日の私の空腹状況は過去最悪で、目の前の小さなスポンジケーキを今にも口に詰め込みたいほどだった。

――そうだ、これを持って帰って食べるのは自分だ。だったら自分が好きなものを作ればいいんだ！

私はチョコケーキよりも生クリームがたっぷり載ったショートケーキが大好きだ。フルーツやクッキーのような飾りも別にほしくない。なんならホイップクリームだけ舐めてもいいくらいだ。

クリームだけ。そうだ、そうしよう。私はスポンジを半分に切って二段にし、マリトッツォのように生クリームをたっぷり挟み込んだ。さらにその周りに、ホールケーキと同じくらいに見えるようになるまでクリームを塗りつけた。これだけだと味が飽きるから、大好物のホワイトチョコを削って載せる。

——これだ！　これを食べたい！　早く帰って食べたい！

私はギラついた目で自分の作品を凝視していた。


「それ何？　ただの生クリームの塊！」

「飾る気ゼロ！」

そのとき、隣の女性たちが声をあげて笑った。周りの何人かが続けて冷やかし、そこで私はハッと我に返った。

——そうだ、ここはスイーツ・コンシェルジュの教室だった！　お腹が空きすぎて、食べることばかり考えてしまった。

目の前が真っ暗になった。ああ……せっかく頑張ってきたメッキが剥がれてしまった。

しかしさすがの先生は、笑いながらこう言った。

「食いしん坊ですね。生クリーム、好きですか？　独創性があっていいですよ。せっかくだから、雪山に見立てて松ぼっくりやホワイトチョコでコーティングしたいちごを載せたりしたらどうでしょう？」

すると周りで笑っていた女性たちも頷きながら、次々と案を出してくれる。

「分かりやすくていいね。クリーム好きが喜んで買いそう」

「『クリームボール』とか分かりやすい名前つけてね。男性にいいんじゃない？」

私は大勢に囲まれながらきょとんとした。独創性？　分かりやすい？

帰りがけ、初めて数人の生徒が話しかけてくれた。

「いつも雑誌に載ってるみたいなカッコしてて隙がないと思ってたから、実は面白い人なんだなと思って楽しくなっちゃった」

「ホント。その見た目で生クリーム大好きなんて、ギャップが可愛らしくて素敵」

それ以来私には多くの友人ができて、今でもスイーツ・コンシェルジュの教室に楽しく通っている。隠したかった欠点は、今や「カッコつけてますが、実は食べるのが大好きです」という自己紹介になくてはならない特徴になった。

ビアリッツ・コレクション

「欠点とうまくつき合えたらもう万能よ」

欠点がなければ万能なのは当たり前ですが、そんな人はいません。でもガブリエルのこの一言は、欠点をなくすのではなく、それをうまく使いこなそうという大人で前向きな態度を勧めているのです。

パリとドーヴィルで成功を収めた後、アーサーの出資でスペイン国境近くのビアリッツという保養地にメゾン・ド・クチュールを開店したガブリエルは一九一六年、『ビアリッツ・コレクション』を発表して注目を浴びました。ゆったりとしたシンプルなフロック・コート、足首まであるシャツ・ブラウス、ストレートなラインのチュニック、そしてシュミーズ・ドレスなどです。色は赤、ボルドー、白、ベージュグレー……これらはまさにガブリエルの真骨頂、デザインの斬新さと着心地のよさで注目されました。

このコレクションのガブリエルの慧眼点は二つ。ひとつはジャージーは安物とされ、高級婦人服のデザイナーには見向きもされなかったため安値で仕入れることができた点。ジャージーはこれ以前から、彼女のお得意素材でした。

もうひとつは第一次大戦の最中ではありましたが、中立国だったスペインではブルジョワやエリートが華やかな服装をすることがあまり敵視されなかったため、ここビアリッツにはスペインの富裕層が頻繁に来店した点です。

こうしてビアリッツ・コレクションは大人気になり、ガブリエルはここでの注文に応えるためパリに新しい工房を構えるほどになります。

ガブリエルがビアリッツ・コレクションを思い立ったのには、現実的な背景がありました。ガードルでウェストを強く締め、デコルテが大きく開いたフェミニンな曲線を大事にするそれまで流行っていたドレスは、背が高くやせ型だったガブリエルには似合わなかったのです。

そこで自分を諦め、自分の生まれついた体型を呪うのではなく、自分にあった服を作り、それをモードにしてしまいます。それが『ビアリッツ・コレクション』でした。

折しもスラリとした女性のファッション・イラストレーションが大流行した時代、ガブリエルは自分の短所から思いついたデザインで見事にその波に乗り、さらに大きな波を作ることに成功したのです。

護られているときは
分からないわ。
自立して初めて分かるの、
自分がその人を
本当に愛しているのか
どうかってことが。

Message from Chanel

私は高校時代からカフェ巡りが大好きで、大学を出て信用金庫に勤め始めてからはお気に入りのカフェを紹介する「Ｃａｆｅ＠さりな」というブログを始めていた。紗里奈《さりな》は私の名前である。昔文芸誌の記者や編集者に憧れたくらい書くことが好きだったので、ブログも最初は日記代わりだったが、やがて閲覧数が増加し、最近は新メニューや新規開店を紹介したりレビューを書いたりして得られるアフィリエイト収入も増えてきている。

一方で、信用金庫の仕事はあまり私に向いていない。そもそも金融やビジネスについての興味などほとんどなく、ただ生真面目で就職試験の成績が良かったから採用されたようなものだった。為替や株が大きく動いても、日銀総裁が会見を開いても、それは私の日常に大した影響を与えない。それよりも近くのカフェで最近売りだしたマロン・ラテの味のほうが遥かに私の人生にとって意味があった。

ある程度の貯金はできたから、信用金庫を辞めてアルバイトをしながらブログ拡大のための営業をして、そのうちにフリーのライターとして稼ぎたい。もう三〇代、自立してもいい歳だ。私だって自分の夢を追いたい。

ところで私には航平というつき合い始めてもう五年めになるカレシがいる。大学を卒業して信用金庫に就職し、最初に配属された営業統括部で出会った。もともと上司と部下という関係だったせいか、三つ年上のせいか、航平はいつでも私をリードしてくれた。何でも相談できたし、食事代はいつも払ってくれたし、大抵のことには寛大で、カレシでありながら兄のような、先生のような存在でもある。


ある日、私は思いきって航平に言った。

「仕事辞めて、カフェのブログに本腰を入れようと思う」

航平は目を丸くして、動きを止めるほど驚いた。

「え？　ブログって、そんなガチだったの？」

航平がいつも私の話をそれほど真剣には捉えていないことは分かっていた。会社生活に不満があって、そのストレスのはけ口としてやっている趣味程度だと思っていたのだろう。

それでも私がこれからの計画を話すと、航平は真剣に耳を傾けてくれた。

「でもそう簡単にひとりで食っていけるようにはならないよ。一緒に暮らそうか?」

家賃は航平が出し、私の食費や生活費に稼ぎが追いつかないときも補充してくれるという。これは願ってもない申し出だ。航平、ありがとう!

……でも、そのときふと考えた。

――つまり私は片手間にブログを書く主婦になるわけ?

それでは会社勤めをしながらブログを書いている今の生活と変わらない。信用金庫で働くのにも専業主婦をすることにもさほど興味はないのだから、結局同じではないのか。

そう言うと航平は苦笑した。

「同じじゃないよ。会社に使われる生活じゃなくて、俺と紗里奈の家を守る生活を一緒にするってことだよ」

――違う、違うのよ。そう言ってくれるのは本当に嬉しいんだけど、会社を辞めたいんじゃなくてブログを書くことに専念したいの。しかも航平に経済的に依存するんじゃなくて、ブロガーとして独り立ちしたいの。

自分の気持ちを必死で説明すると、航平は不満で口を尖らせた。

「なに、一緒に住むのは嫌なわけ？　俺のことそこまでは好きじゃない？」

「逆でしょ！」

私はつい怒鳴ってしまった。

「今は大好きよ。だけど一緒に住んでお金払ってもらってたら、航平のこと好きかどうか分からなくなっちゃうでしょ？　だって好きだろうが嫌いだろうが、私には航平が必要になるんだから」

「俺だって紗里奈が必要だよ。だからお互いそれでいいじゃん」

「それは愛じゃなくない？　私はお互いが同等の立場で、航平のこと好きなままでいたいの。だから……」

言葉に詰まった。

だから、独り立ちするまでひとりでいたい。間違っていないのに、言葉にするとナルシシズムの塊のように聞こえてしまうのはなぜだろう。経済的に自立したいと思うのは正しいことなのに、なぜ自分勝手に聞こえてしまうのだろう？

それは多分、親切心からの援助の申し出を断るからだ。私はせっかく優しく差し伸べてくれる手を、自分の都合で払おうとしているのだ。

そう思ったら、自然と謝罪の言葉が口をついた。

「ごめんなさい。でも自分のことだから自分でしたいの」

航平は少し膨れっ面をした。だがそれは反論の余地を見つけられなかった不満の顔で、すぐにふわりと笑ってくれた。

「分かった。でも困ったらすぐに俺に相談すること！」

そのときの私の笑顔は、多分ここ数年でも圧倒的に輝いていたと思う。

アーサー・カペル

温かい部屋のなかで男性に全てを委ねる女性になるのか、外に出て向かい風のなか、自由で独立した人生を歩むのか。

現在でも女性が自立した一生を過ごすのは大変ですが、ガブリエルがこの選択をしたのは一〇〇年以上も前のことですから、それがいかに困難だったか容易に想像できるでしょう。それでもガブリエルはこの二者択一問題で、迷うことなく後者を選びました。それほどまでに彼女は自由を欲していたのです。

恋人でもあり最大の理解者、そして出資者でもあるアーサーが「僕を本当に愛している？」と尋ねたとき、ガブリエルはこう答えました。

「それは私が独立できたとき答えるわ。あなたの援助が必要でなくなったときに分かるだろうから」

男性の愛や資本力に縋《すが》ろうと思っていたら口にできない強気な言葉です。でも生活のために愛人となり、人のものになる立場を選んだガブリエルですから、それが叶ったとき、何よりも欲しかったのは自由だったはずです。彼女は自由のために自立するだけの強さも能力もすでに持っており、機は熟していたのです。

この数年後、ガブリエルはアーサーからの借金の全額を返済し、身も心も自由になりました。一方のアーサーは自らは複数の女性と遊んでいながら、自立していくガブリエルを見て「きみに玩具を与えたつもりだったのに、与えてしまったのは自由だったね」と後悔を口にします。

二人の考え方は、当人たちが思っていたより大きくすれ違っていたのです。やがてアーサーは別の女性と恋に落ち、結婚しました。

ところがその後まもなく、この二人は復縁します。アーサーはパリ近郊の家をガブリエルに貸し与え、そこで逢瀬を楽しむようになりました。

「私を好きではない人を好きにならなくていい。平凡な愛や嫉妬は知らなくていい。それこそが神さまからの最高の贈り物なのよ」

ガブリエルはアーサーを心から愛し、信頼していたのでしょう。アーサーについて、そしてこの恋について、彼女は他にも多くの言葉を残しています。

ところがガブリエルとアーサーが復縁した一九一九年の年末、アーサーは妻とクリスマスを過ごすためにカンヌへ向かう途中、自動車事故で亡くなってしまいます。アーサーの一方的で悲劇的な退場で幕を閉じたこの恋から、ガブリエルはその後一生離れることができませんでした。

人を見るときは、
その人がいくらのお金を
どんな風に使っているか
見極めるのよ。

Message from Chanel

私はお見合いで結婚しました。

当時はそれほど珍しくありませんでしたし、家柄やその人となりについての情報を十分吟味したうえでお会いし、気が合えばお話を進めるというやり方は合理的で納得のいくものでした。現在の婚活サイトの流行を見ても、その考えはあながち間違いではなかったと思います。

仲人好きの叔母はたくさんの男性の写真を持ってきましたが、実際お会いしたのは三人でした。

ひとりは吉川さんといって、高等専門学校で教えていらっしゃる方でした。お給金の割に随分と貯金がおありになるので相当身持ちのいい方なのだろうと思っておりましたが、実はとにかくケチ！

お見合いの後二人で散歩したときも少し疲れたので喫茶店に入ろうと誘ったら、「食い物はただの燃料、そんなものに高い金を払うなんて気が知れない。ましてやコーヒーや紅茶は栄養にすらならないのに」とおっしゃるんです。ところが私が払いますと申しあげたら、平然と喫茶店に入るんですよ。

ご立派な一言は信念じゃなくてただのケチだったのです。それでお金を貯めてどうするのですかと尋ねたら、「いつ何があるか分からないから、用心のために貯めている」ですって。つまり吉川さんと結婚したら、ずーっとケチでいなきゃいけないんです。

そんな生活無理だと思ってお断りしました。しかも後になって叔母からこの方が大酒飲みでちょっと酒乱の気があるそうだと伺ったものでね、良かったと思いました。

もうひとりは上田さんといって、大きな会社の課長さんでした。

この方は吉川さんの真逆！　口八丁で、まるで自分は世界一頭がいいみたいなしゃべり方をするんです。

お給金も大風呂敷を広げて、お土産だと言って大きな花束を用意して、しかも目玉が飛びでるくらい高いフレンチ・レストランに連れていってくださいました。

腰を抜かすほど高いシャンパンを頼んでくださったり。食べている間もしょっちゅう海外旅行に行くとか、先日高価な壺を買ったとか、お金を使ったお話ばっかり。

でもその方、旅行好きでもなければ、壺に興味があるわけでもないんです。旅行は話のネタ、壺は持っておくといいと言われたからなんですって。よく分からないわよね。

「貯金はなさらないんですか」と尋ねたら、「投資をしているから、いつでもそこからお金が入るから貯める必要はない」とおっしゃるの。そんな方と家庭を築くのは、不安定で怖いわよね。しかもここだけの話、上田さん、ワインのティスティングの仕方すら怪しかったんですよ。

三人めが西村、そう、私の夫です。

夫は普通の地方公務員で、毎日五時に仕事を終えて五時三〇分前にはもう家にいるんですって言うの。お仕事はそれほど好きじゃないけど、お金のためにはしょうがないって素直に話すのよ。でも身なりは地味だし、旅行も高い買い物もしない。「貯金が趣味なんですか」と聞いたら、「貯金は最低限を天引きでしています、でないと使ってしまうので」ですって。

一体何に使うのかと思ったら、ほら、ご存知でしょ。

そう、あの人、プラモデルのマニアなのよ。夫の部屋の中なんて、もう何年もちゃんと入ってないわ。「そこ、足元気をつけて！」とか「頭、そこ何とかがぶら下がってるからぶつけないで」とかうるさいんですもの。息子の部屋もあの子が就職して出ていってから夫のプラモデル置き場になって、全部で、ええと、一万個を超えるって言ってたわ。

プラモデルは高いものになると何万円もするんです。それに展示会とか何とかショーとかで日本中飛び回るから、その足代もありますでしょ。意外とお金がかかるんです。

昔はそりゃ、ときどきケンカしましたよ。「そのプラモデル代でお洋服の一つも買ってくれ」とか、「展示会の代わりに家族を旅行に連れていけ」とかね。

でもねえ、考えてみると、私、別にそのとき洋服がほしいわけでも旅行に行きたいわけでもなかった気がします。勢いで怒ってただけなのよね。

夫がプラモデル関係で出かけるときは、若いころは車で行って車中泊だったみたいだけど、もう子どもにお金がかからなくなったから、最近は遠いところは新幹線や飛行機で行くよう勧めています。ショーには私も何回かつき合って行きましたけど、何が楽しいかあまり分からないし、夫だけの世界に踏み入っちゃいけない気がするからもう行きません。

でもプラモデルのお陰で、夫は若い友だちや遠くの知り合いがたくさんできて、楽しそうですよ。手先の作業ばかりするから、脳のトレーニングにもいいし。

それにね、私、お金ってこういう風に使うのが正しいと思うんです。

ええ、もちろん保険とか老後の貯金とか、最低限のことはしましたよ、ずーっと天引きでね。でもそれ以外は別にお金を使う必要もないんです。私の趣味は庭いじりだから夫に邪魔してほしくないし。

ああ、だから夫の気持ちも分かるんでしょうね。二人それぞれの時間と空間があるから、きっとストレスが溜まらないんですね。老後はあまりケンカしません。

要するに私が夫を選んだわけは、お金の使い方ってことです。お金って、使った後に楽しくなるべきもの。そう思いませんか？

ディアギレフとバレエ・リュス

ガブリエルは一人のクリエーターとして芸術にも興味と理解を示し、積極的にメセナ（芸術活動支援）を行いました。その一例が新進気鋭のバレエ団『バレエ・リュス』への多額の援助です。

バレエ・リュス（ロシア・バレエ団）は一九〇九年、すでにバレエやオペラのプロデューサーとして名を馳せていたセルゲイ・ディアギレフによりパリで結成されました。

その参加者はミハイル・フォーキン、ヴァーツラフ・ニジンスキー、レオニード・マシーン、ジョージ・バランシンといった超一級のダンサーや振付師、イーゴリ・ストラヴィンスキー、モーリス・ラヴェル、クロード・ドビュッシー、セルゲイ・プロコフィエフ、エリック・サティらの著名作曲家、そしてパブロ・ピカソ、アンリ・マティス、マリー・ローランサン、ジョアン・ミロら歴史的画家が名を連ねる、非常に華やかなものでした。

このバレエ団は独創的な作品を次々と世に送りだしましたが、同時に『牧師の午後』の振付や『春の祭典』の音楽など、斬新過ぎる内容で物議を醸してもいます。

『バレエ・リュス』を率いるディアギレフは、ガブリエルの親友で篤志家のミシア・セールの友人でした。それもあって、ディアギレフが大きな負債を抱えていることを知ったときガブリエルは気前よく資金を出したのでしょう。一九二〇年のことです。

現在もこういった活動は社会的に高い評価を得ることや税金対策など利己が目的とされることもありますが、いつでも資金が必要な側にとってはありがたいですし、無為不要な散財より誰もがお金を使った後に気持ちがいいものです。

ディアギレフは同性愛者でしたから、ガブリエルやミシアの恋人ではなかったでしょう。ただガブリエルとはよく気があったようで、「ディアギレフは一番楽しい友だち」と彼女は言っています。アーサーの死から立ち直れなかったガブリエルは、ミシアを通してバレエ・リュスを始めとする新興の芸術に触れることによって、次第に再び前を向くようになるのです。

しかしながらやがてバレエ・リュスはバレエ・スエドワ（スウェーデン・バレエ団）など他の団体に押されて次第に衰退し、一九二九年にディアギレフが亡くなると解散しました。

どこかしっくり来ないと
感じたら、
それはニセモノなの。
本物には違和感はないのよ。

Message from Chanel

――今日の集合は三時だから、二時五七分くらいに着かなくちゃ。少し遅いほうがいいかな。でも美優《みゆ》より遅いとマズいか。服装はこれでいいかな。スカート、短すぎる？　このバッグ、ノンブランドだけど大丈夫かな。お金はいくら持っていけばいいんだろう？

気を失いそうなくらい緊張して待ち合わせ場所に行くと、まだ誰もいない。三時五分になってやっとひとり、一二分にまたひとりが現れる。

そして美優が二〇分すぎにやってきた。

「時間通り駅には着いたんだけどさあ、ヨットモに会っちゃってー」

ヨットモとは「よっ」と挨拶するだけの友人のことだ。挨拶するだけでそんなに長い時間かかるはずはないから、時間通り駅に着いたというのは嘘だろう。

二〇分も遅れてきたのに、美優は謝りもしない。

――それとも二〇分の遅刻は遅刻じゃないのかな？　私がせっかちなだけ？

「あれー？　未来《みく》、がんばって短いスカートにしたじゃん。なに、そのバッグ？

ねー、いくら持ってきた？　あたし今なくてさ。それよか聞いた？　谷口が七海《ななみ》にコクッたんだって！」

美優は弾丸のようにしゃべる。どこから情報を得てくるのか、他のクラスの色んなことも知っている。

今一緒にいる私たち四人は、ソフトテニス部の友だちだ。部内に私の学年の女子は七人いるが、そのうち二人は幽霊部員で、もうひとりは単独行動が好きなタイプなので、いつもこの四人でつるんでいる。

四人の中でも私以外の三人は特に仲がいい。美優の両脇に二人が必ずいて、学校でも常に三人で行動している。美優とひとりはC組、もうひとりはD組で、三人とも校舎の二階に教室がある。私だけA組で三階なので、いちいち会いに行くのも面倒だし、C組やD組とは宿題や授業の内容、教科担当の先生も違うから、最近はクラスの友だちといることも多くなってきた。

でも部活は週に三回あるし、グループメールもいつも稼働しているから、この三人になんとか食らいついて行かなきゃと思っている。それに一緒にいるとそれなりに楽しいし、学校でも中心的なグループとして一目置かれているから、ここに所属していると都合がいいことが多いのだ。

私たちは美優の買い物につき合って、何か所かお店に入った。それから最近バズっている新しいスイーツのお店に並び、写真を撮りまくった。正直、味は大したことなかった。

そのあとカラオケに行くという話になったが、ちょっと嫌だなと思った。私はあまり歌が上手ではないし、私が歌っているときみんなスマホをいじり始めるので辛いのだ。

気がつくと三人で随分前を歩いている。走って追いつくと、ちょうど派手な男の人たちに何か話しかけられていたところだった。

「あ、四人なんだ？　そうかー。いや、三人ならちょうどいいからちょっと遊びに行こうかなって思ったんだけど」

男の人たちは三人組だった。美優たちが私を見た。

「あー、三人で行ったら？　私、今日あんまり遅くなれないし」

空気を読んで自分からそう言った。

そのときは自分が除け者になっていることを認めるようで惨めなのだが、心のどこかでこれで家に帰れると安堵もした。美優たちはその三人とどこかへ行った。


私はそれからまっすぐ家に帰った。

日曜日なので家族全員でダラダラしながらテレビのバラエティ番組を見て、みんな揃って大笑いしていた。その中に入って座り、肩の力を抜いて一緒に笑った。ベッドでごろごろしながら、クラスの友だちとSNSで連絡を取った。みんな毎日授業と部活があるし、週に何回かは塾にも行っているので、日曜日は家でのんびりしている。それを知ってホッとした。私みたいな人もいるんだ。

みんながみんな、いつも友だちと外に出たがっているわけではないんだ。

美優たちのグループメールはいつも深夜二時すぎまで稼働するが、この日は明けがたの四時まで三人で盛りあがっていたようだ。早寝の私はいつの間にか寝落ちしていて、朝起きたら三〇〇件くらい未読が溜まっていた。

「未来、何やってんのー？　朝ご飯食べないのー？」

ダイニングから母の大きな声が聞こえる。私は「今行くー！」と慌てて返事をした。

制服を着ながら謝罪のメールを必死で打っているとき、ふと窓ガラスに映った自分の姿を見た。振り乱した髪、丸まった背中、ファスナーも閉めずに中途半端にウエストに引っかかっている制服のスカート。片方だけ靴下を履いた足。すごい姿。我に返って物悲しくなった。

――何やってんの、私？　朝の時間がないときに、夜自分が寝たことまでこんなに一生懸命謝らなきゃいけないの？

本当の友だちは、多分こんなに疲れない。そのときが楽しくても嬉しくても、美優たちは私には合わないのかも知れない。そもそも、あっちはそれほど私のこと友だちだと思ってないみたいだし。

もうこんなこと続けられない。教室の階が違うのを理由に、クラスの友だちと一緒にいる時間を増やして、美優たちとは少しずつ距離を置いていくことにしたい。

――うん、そうしよう。

そう思ったら、急に体が楽になった。

薄々感じていたことをやっとちゃんと決められた朝だった。

イーゴリ・ストラヴィンスキー

「素晴らしいと思ってもどこかで息苦しく感じたら、それは本物ではない」

これはガブリエルが、若い芸術家を見つけだす方法についての言葉です。彼女が直感的に、野生の閃きのようなもので芸術を判断したのが分かります。それだけ自分の審美眼に自信があったのです。

この言葉は、彼女の恋愛にもいえることでした。居心地の悪さや違和感を持ったら、それは本物の愛ではない――ガブリエルはイーゴリ・ストラヴィンスキーの音楽を本物と見た一方、二人の間に芽生えた愛には真実を見出しませんでした。

ストランヴィスキーが生んだ楽曲『火の鳥』、『ペトルーシュカ』、『春の祭典』

は世間の大いなる注目を浴び、ストラヴィンスキーの三大バレエ音楽と呼ばれていました。特に『春の祭典』は当時の観客には耳慣れなかった不協和音の連続で、バレエの斬新な振付も相まって賛成派と反対派の間で怒鳴り合い、殴り合いが始まったという逸話があります。

その後仕事がろくになく、病弱な妻と子どもたちを抱えて生活苦に喘いでいたストラヴィンスキーは、ミシアを通してガブリエルと知り合うことになります。

ガブリエルはすぐに住居と生活費を援助しました。そしてこの一歳違いのパトロンと作曲家は、間もなく激しい恋に落ちます。

これに激怒したのは、同じくストラヴィンスキーのパトロンをしていたミシアでした。ミシアは夫とともにゴシップを広め、時にはガブリエルを煽り、またある時には人前で罵るほどの醜態を見せています。

ところがガブリエルは、間もなくストラヴィンスキーを重荷に感じるようになりました。

彼女は「ロシア人」が好きで、芸術に興味を持ち、アーサーの死で傷んだ心を癒すため温かく穏やかな恋愛を求めていました。一方のストラヴィンスキーはいつも貧乏で、妻との関係は冷え、エネルギーの捌け口を欲していました。どちらの欲求も一方通行だったのです。

さらに悪いことに、ストラヴィンスキーは激情家で嫉妬深い人でした。ガブリエルはこのころドミトリー・パヴロヴィチ大公と出会い、そちらに惹かれていきます。ストラヴィンスキーとともにスペインにいる時にこのことを知ったディアギレフは、「(ストラヴィンスキーに)殺されるからスペインには来るな」とガブリエルに警告したほどです。

彼のもとから去ったガブリエルは、後にストラヴィンスキーのことを「未熟で粗野だった」と否定的な表現で語っています。

一方ストラヴィンスキーもその後別の愛人を持ち、妻と娘に先立たれた後にアメリカでこの愛人と再婚しました。そしてガブリエルの死から三か月後、ニューヨークで亡くなっています。

高く保つべきもの。
それは頭の位置、ヒール、
そしてスタンダード。

Message from Chanel

分かりやすい話をしよう。

もう一〇年以上前になるが、私が大学で選択したフランス近代史のゼミに、二人の対照的なクラスメートがいた。

ひとりは愛という名で、髪の毛はセミロングで真っすぐ、平均的なファッションに身を包んだ謙虚な子。もうひとりの裕子はカットソーとワイドパンツ、髪の毛をポニーテールにキュッと上げ、いかにも活動的ではっきり物を言うタイプだった。

その年、フランスから交換留学生がやってきた。スイス国境に近いアヌシーからきた男の子で、シモンという名だった。

愛は「カブれ」に近いほど盲目的に欧米文化が好きで、いつか海外に住みたいと言っていたから、一生懸命シモンに話しかけた。ところがシモンは愛の日本的な仕草がよく分からなかった。例えばシモンが日本語で何を言っているか分からないときに愛がヘラヘラ笑ってごまかすと、「僕、何かおかしいことを言いましたか」と真面目な顔で尋ねて愛を困らせた。

裕子はその点シモンの間違いははっきり直し、分からなければ聞き返した。シモンはそんな裕子のほうに興味があって、お昼ご飯に誘ったり授業に一緒に行こうとしたりと、分かりやすくアピールしていた。裕子もフランス史のゼミにいるくらいだからフランス人を嫌いであるはずがなく、シモンの態度にまんざらでもない様子を見せていた。

あるとき、いつもローヒールパンプスばかりの愛が一〇センチのハイヒールを履いてきた。理由を聞くと、「シモンは背が高い女性のほうが好きらしいから」と恥ずかしそうに笑う。裕子は愛より七センチ背が高かった。

またあるときからは背筋を伸ばして姿勢を意識するようになったが、それも「シモンから『俯いて、何かありましたか』って聞かれたの」とのことだった。

愛の努力は涙ぐましいほどで、一方のシモンは愛に随分言いたい放題だったが、ただシモンの言う通りにすることで、愛の外見が改善されたのは確かな気がする。

だった。いつも卑屈そうに丸まっていた彼女の背筋は伸び、ヒールに合わせて颯爽と歩くようになった。

そのうち、同じゼミの高畑という男の子が、愛に告白して断られたという噂が聞こえてきた。高畑くんはパリからの帰国子女で背が高く、成績も良く真面目で、お父さんは国家公務員。なかなかのハイスペックだったのだが、愛は彼よりフランスへの憧れを取ったのだ。

私は愛の盲目さに呆れた。しかもその情熱はシモンではなく、フランスに向いているように思えた。

自分がフランス人になれるわけでもないのに、そんなに憧れてどうするのだろう。

高畑くんは裕子に慰められているうちに、今度は裕子のことが好きになった。裕子にとっても、帰国してしまうシモンより高畑くんのほうが確実だという打算があったのかも知れない。二人はつき合い始めた。

一方シモンはフランスに帰ってしまい、愛は打ちひしがれていた。後になって聞いたのだが、シモンは郊外に大きな土地とワイナリーを持つ旧貴族の家柄だそうだ。愛はそれも知っていたのかも知れない。

愛のヨーロッパ熱はそれ以後も冷めることなく、アルバイト代を貯めて年に二回はヨーロッパへ行っていたし、夜間の語学学校でもフランス語会話を受講したりしていた。ただ就職活動もしていて、大学三年のときには普通によく知られた企業から内定をもらった。

きっと会社で働き始めたら、愛は給料を全部フランス旅行に費やすのだろう。そのうちに会社で知り合った人と結婚して、今度はその夫とともに。そのとき、シモンの話もするのだろうか。

私はその程度のことを想像していた。

ところが大学四年の早春、卒業とともに愛がフランスに行くと知った。なんと、シモンと結婚するのだという。これには私も、ゼミのみんなも度肝を抜かれた。

シモンからの結婚報告メールにはこう書いてあった。

「私のためにいつも一生懸命になってくれる愛のことが、いつの間にか好きになっていました。今度は私が愛のために一生懸命になります」

つまり愛はあれからも諦めずにシモンに会いに行っていたのだ。内定企業には、すでに事情を説明してお断りしてあるという。

これを知った裕子はひどく後悔した。

あのとき自分もシモンにもっとプッシュしておけば良かった。

本当は私だってフランスに住みたかった。

シモンのことも嫌いじゃなかったのに、高畑くんのほうが普通で手頃だと思ってしまった……

その裕子とは私である。

高畑くんとは卒業前に別れた。

こう言う過去があるから、フランスとか学生時代の思い出と言うと、いまだにどこか消化不良のような納得のいかない苦さを覚えて心が痛い。

パヴロヴィチ大公とロシアン・コレクション

　ドミトリー・パヴロヴィチは一八九一年、最後のロシア皇帝ニコライ二世の従兄弟としてモスクワ郊外で生まれました。

　ロシアでは日露戦争後に不満分子が活性化し、皇帝一家に深く入り込んだ祈祷僧ラスプーチンによる政治介入が顕著になりましたが、フェリックス・ユスポフ公とともにこのラスプーチンを暗殺したのがパヴロヴィチ大公です。彼はこのため皇帝夫妻の怒りを買ってペルシャ戦線に追いやられていたのですが、そのお陰で一九一七年の二月革命時にはモスクワに不在で命拾いしました。

　パヴロヴィチ大公は山ほどの財産と稀に見る美貌と魅力、そしてオリンピック選手に選ばれるほど優れた馬術を持つ人でした。ガブリエルとの初対面についてはいろいろ噂されますが、一九一一年にはすでにアーサーを通じてお互いを知っていたようです。

ただし、二人が愛を育んだのはその一〇年後、アーサーが亡くなってからでした。ガブリエルとパヴロヴィチ大公はリヴィエラなどフランス各地をふたりでゆっくりと旅行し、愛を深めます。ガブリエルはアーサーの事故死と妹アントワネットの自殺、パヴロヴィチ大公はロマノフ王朝滅亡という傷をゆっくりと癒そうとしたのでしょう。

そのパヴロヴィチ大公には一歳年上の姉、マリア・パヴロヴナがいました。マリアはスウェーデン王子と結婚しましたが離婚し、ロシアのセルゲイ・プチャーチン公爵と再婚していました。ところが彼女も革命の煽りで祖国を脱出し、パリでジュエリーを売ったり、ロシア刺繍をしてなんとか生活の糧を得ようとしていました。

その刺繍に目を留めたのがガブリエルです。

一九二二年の発表は「ロシアン・コレクション」と呼ばれ、国際的な評価も高く大成功でしたが、これはロシアのフォークロアや芸術のエキゾチックなモチーフに影響を受けたものです。引き続きジャージー素材を使用しながらも、ブラウス、ジャケット、アンサンブルなどにロシア文化やロシア軍服のイメージを取り入れたのです。

「いつも頭、ヒール、そしてスタンダードは高く保ちなさい」

ガブリエルはいつも頭を上げ、ヒールを履いて上を見ていました。自身が積みあげてきた過去に自信があったからこそ、最高位の爵位を持つ男性とも臆することなく対等に恋愛し、いつも次のゴールを目指していたからこそ、エキゾチックな文化から生まれた刺繍に新しく注目したのです。

事態をよりよくしようとする前向きな姿勢。これがスタンダードを高く保つということではないでしょうか。

身なりに気を抜いちゃダメ。
今日、運命の人に会ったら
どうするの?

Message from Chanel

スマホの電子音に脳が驚いて目を覚ました。七時ちょうど。カーテンの隙間から、微かに朝の光が漏れている。

——ああ、もう朝か。ついさっき寝たような気がするのに、体の疲れが取れてないんだなあ。このままもう少し寝ていたい……あと五分。てか今日何曜日？まだ水曜！

ベッドで掛け布団を抱きかかえながら、ひとり葛藤《かっとう》する。ゴロゴロしているように見えるが、実は死に物狂いで眠気と格闘し悶《もだ》えながら、バンジージャンプ直前のごとく起き上がるタイミングを見計らっているのだ。

——よし！

お腹に力を入れ、大きく息を吸って勢いよく立ちあがる。ベッドに座るとまた横になってしまうから、とにかく立ちあがるのだ！

だがしかし胃と体が重い。昨日の夜大学時代の友人たちとタイ料理を食べに行き、そこで最後のほうに出た大皿のカオマンガイを残すまいと必死で頬張《ほおば》った。きっとあのせいだ。せっかく先週落とした一キロも、あれで水の泡だ。

洗面所に行き、寝起きの顔を見て幻滅した。四方八方に向かってボサボサに跳ねる髪。腫れぼったい一重瞼、カサカサの唇。

——髪の毛、傷んでるなあ。でもそろそろ染めないと。あれっ、おでこにまたニキビができてる！　もう嫌だ、今日は適当でいいや。

顔を洗い歯を磨いてから、少し皺が気になる地味な色のスカートと洗濯したばかりのブラウスを合わせて姿見の前に立ってみた。今一つピンとこない。だがまあ今日は別に誰にも会う予定はないから、それほどお洒落しなくてもいいだろう。

服を着て鏡の前で下地クリームを手に取ったとき、そばに並ぶ香水の瓶の一つがふと朝日でキラリと光った。シャネルのパルファム「ココ・マドモアゼル」。化学薬品の器のように四角くごついガラス瓶の中に、透き通った淡いサーモンピンクの液体。

綺麗な色だ。昨年、会社員生活五年目を迎えて、自分へのご褒美として初めて自分で買った。香水は他にもいくつかあるが、どれも誕生日や記念日のプレゼントとしてもらったもので、自分で選んだのはこれが初めてだった。「マドモアゼル」の名前のとおり重すぎず、フレッシュで、品がある。

だが私はその瓶を見ただけで、香りは身につけなかった。シャネルの香水なんて、何事もない今日つけるにはもったいない。

ところがそう思って化粧品が入った棚の扉を閉めようとしたとき、その瓶が突然私に訴えかけた。

「ちょっと待って。今日運命の人に会うかも！」

——えっ？

慌てて見返したが、シャネルの瓶はもう一度キラリと光っただけだった。

鏡には何の変哲もない姿の自分が映っている。私はそれを眺めながら、たった今どこかから聞こえてきたような気がした声に軽く頷《うなず》いた。

——確かに。

運命の人が、今日電車の中で後ろに立っていたら？　うっかりぶつかって小声で謝りながら振り向いたとき、シャネルの香りがふわっとしたら、「おっ、この子素敵だな」と思ってくれるかも。そして明日また同じ車両で会って、「あっ、あの素敵な香りの子だ」と覚えていてくれるなんてことも！

……そうなると、この服はちょっと違うな。時間があまりないから、スカートだけもう少し明るい色のものに替えよう。それじゃシンプルすぎるか。アクセサリーも必要かな。

いや、運命といっても生涯の伴侶とは限らない。他社のお偉いさんが「うちで働きませんか？」と言ってくれたら？　その会社が素晴らしくて、私はそこでずっと働くことになるかも。

仕事の話をするなら、アクセサリーは小さめのピアスくらいにしておくべきかな。大きなネックレスや指輪は邪魔になるし、ＴＰＯを心得ていないとか、真面目に仕事に取り組む気がないように思われそう。

頭をフル回転させているうちに、今日のテーマが決まってきた。

——うん、天気もいいし、清潔感推しで行こう。

白っぽいブラウスにブラウン系のタイト・スカート、香りはサーモンピンクの「ココ・マドモアゼル」。髪の毛は爽やかに少し上のほうでポニーテールにして、毛先は少し巻こうかな……

気がつくと私は時間いっぱい頭と感性をフル回転させながら鏡を見て、自分が決めた「今日の自分」になるためにあれこれ工夫をしていた。

ここまで丁寧に身支度をすると、今日の自分が大切になる。がんばろうという気になるのだ。眠気はどこかへ吹き飛び、頭はスッキリ晴れて、これから何かいいことがあるような気がした。

エルヌスト・ボーとシャネルNº5

「その日、運命の人に出会うかも知れない。そのためにもできるだけ美しくあるべきだわ」

この言葉のように、常に高い美意識を保っていたガブリエルはまた香水にも並外れた関心を示しました。

「あなたが来たことを知らしめ、あなたが去った後も余韻を残す。香水は、見えることなく記憶に刻まれる究極のアクセサリーよ」

香水を表現するのにこれ以上的確な文言があるでしょうか。

シャネル「N°5」は現在でも三〇秒に瓶一本が売れている、世界で最も有名な香水です。その製作者エルヌスト・ボーもまた、ロシア革命で人生が変わった一人でした。

エルヌストが最初に勤務していたアルフォン・ラレー社は一八四三年にモスクワで創業し、石鹸、香水、口紅、ポマードなどを生産。その品質はパリの品評会で最優秀賞を取るほどでした。

彼は一九〇七年に最高技術者に就任し、その後「ブーケ・ド・ナポレオン」や「ブーケ・ド・カタリヌ」などの大人気製品を次々と発表します。ところがロシア革命によってラレー社は解体、エルヌストも父方の故郷フランスに渡りました。

そこで彼をガブリエルに紹介したのが、ラレー社時代から知り合いだったパヴロヴィチ大公です。ガブリエルは香水に並々ならぬ重要性を見出し、劇的な新作を世に発表したがっていたのです。

二〇世紀初め、フランスではフランソワ・コティやポワレによる香水が大人気を博していました。しかしこれらはシングル・ノートで、ガブリエルはもっとフローラルな香りが複雑に絡み合ったものを欲していました。

そこで彼女はエルヌストに新しい香水を依頼します。そして彼が送ってきたサンプルの中からサンプル番号五番を選び、香水名もそのままにしました。

「シャネルN°5」の誕生です。それは当時とても贅沢だったジャスミンをふんだんに使い、バラ、イランイラン、サンダルウッドなどのフローラル・ノートを重ねた、ガブリエルいわく「世界一高価な香水」でした。容器はコティの美しいボトルに対抗して、非常にシンプルな形状にしました。

一九二一年、ガブリエルは自身が好きな「五」という数字に合わせた五月五日に、この「N°5」を発表します。発売前はその存在を秘密にしつつ、店内や自らの装いにその香りをたっぷりと漂わせて顧客を焦らすという優れたマーケティングもあって、「金色の液体」と呼ばれたこの香水は発売当初から大人気になりました。

私の前でドアが
開いていたんじゃないわ。
自分から
どんどん開けていったのよ。

Message from Chanel

私が大学祭の実行委員になったとき、同じ学年で一年前から委員だった岸本くんが去年のことをいろいろ話してくれた。

「まずスポンサー企業に挨拶回りに行くんだ。大体決まってるから、顔見せだけ」

「大して大変な仕事はないよ。去年やったことを踏襲すればいいんだから」

「お金は余らせたほうがいい……ほら、その分打ち上げに回せるからさ」

正直、岸本くんの話を聞く限りは大学祭なんて楽しいものではなさそうだった。毎年決まりきった出し物、似たような展示、同じ物品販売……

うちの大学の大学祭は予算の関係もあって地味で、来場者も近所の人たちが多い。宣伝もほとんどしないので、去年はいつ開催されていたのかもよく分からないほどだった。

私は広告担当になり、それなりに張り切った。でも去年から委員をしているほとんどの先輩たちは全然乗り気じゃない。

「出し物はちゃんと芸人さんにきてもらうんだから、もっと宣伝しましょうよ」

「いやー、来場者があんまり増えても安全管理だなんだって大変だから。予算もあるし」

「じゃ、協賛企業増やしませんか？」

「いつも通りでいいよ。以前からの会社と業種が被ったりしたら面倒だしさ」


――なんだ、大学祭なんてつまらないものじゃないか。

ガッカリしていたとき、岸本くんが経費で落ちるからと某有名私立大学の大学祭視察に誘ってくれた。

最寄りの駅には大学祭のポスターが貼られ、その駅を出るころからもうキャンパスに向かう人の流れがある。大学の近くに行くと、朝市のように活気溢れる呼び声と夏のビーチのような音楽が聞こえる。

キャンパスの中はフェス状態だ。四方から統一感のない音楽が響き、至るところに屋台が並ぶ。建物内の催し物の呼び込みが叫び、変なコスプレの人たちが宣伝しながら通りを歩く。キャンパス内の道は大混雑で、肩を触れずに通り過ぎることはできないくらいだった。五感すべてが触発された。

――これが私がやりたい大学祭なのよ！

「無理だって。予算もないし、そもそもうちは大学のネームバリューで人を呼べないし」

呆れる岸本くんは放っておいて、私はまず企画担当でやる気のある友だちの遥《はるか》に声をかけた。

「大学祭は二日あるから、どっちの日も芸人さんを呼びたいんだ。有名人じゃなくていいから」

「飾りつけと宣伝なんだけど、誰かネットに強い人いる？」

「屋台の数も増やしたくない？　一サークル一つに絞らないで、利益ももう少し各サークルに還元されるように計算し直してみようよ」

いざ話を動かし始めると、意外にも協力してくれる手はたくさんあった。

飾りつけなどの準備は少し早めに始めてもらって、学生たちが盛りあがるようにした。先輩が大学祭ホームページを立ちあげて大学のものとリンクできるように事務所にかけ合ってくれたので、遥はそこに準備の様子をときどき写真つきで載せた。

私は連日スーツを着て、岸本くんを連れまわしながら協賛企業を走り回った。各サークルにも呼びかけて、何の催しをしなくても勧誘のための宣伝テントを出していいことにしたら、意外と申し込みがあった。

会場担当の人たちはギリギリまで手作りで門や講堂の飾りつけをしてくれて、最後に「しょぼいけどこれがマックス」と汗だくの姿で言ってくれた。

大学祭直前と当日は目も回るほどの忙しさで、昨年の三倍以上の人がきてくれた。失敗して来場者に叱られることもあったが、大きな事故もなく無事に終えることができた。もちろんあの有名大学とは天と地ほどの差はあるが、うちの大学にしては賑やかで華やかな二日間だったと思う。

最後に素晴らしいことがあった。協賛企業の一つがビールを差し入れてくれたのだ。今年は打ちあげの予算がろくになかったので、みんなで泣きそうになりながらビールで乾杯した。

そのとき、昨年委員だった先輩が言った。

「今年は運が良かったね。協賛企業が随分増えたし、天気が良かったおかげかお客さんもたくさんきてくれたもんね」

すると、岸本くんがすかさず言い返した。

「違いますよ、先輩、運じゃないですよ。今年は準備もずっと早く始めたし、あっちこっちの会社に頼み回って、新しくネットの宣伝も始めて、ポスターの数も増やして、みんなでがんばって動いたんです。去年の何倍も疲れましたよ。だからほら、その分打ちあげのお金がなくなっちゃったけど、このビールがおいしい～！」

最後は岸本くんのキャラのお陰かみんなが大笑いして終わったが、私と遥は顔を見合わせて大きく頷いた。

――やってよかった！

リトル・ブラック・ドレス

ガブリエルは、それまでの常識を次々と打ち破るデザイナーでした。派手な装飾を排除したシンプルな帽子、ポケット付きジャージードレス、飾り気のないボトルデザインと人工的な香料が特徴的なシャネルN°5、コスチューム・ジュエリー、シャネル2・55と呼ばれるバッグ、バイカラー・シューズ、シャネル・スーツ……

その中でも特に常識を覆すセンセーションを巻き起こしたのが、今や伝説となったリトル・ブラック・ドレス（LBD）です。これがいかに普遍的かは、現代でさえ黒いドレスがおそらく一番人気で、一番多様性のある服装であることを考えれば分かります。

ヨーロッパでは、一五世紀ころからずっと黒は喪の色でした。一九世紀になってもイギリスのビクトリア女王が夫の喪に服すため四〇年もの間黒い喪服を着続けたことは有名ですが、黒に対する否定的な固定概念が色濃く残っていました。

しかしガブリエルは早い段階から黒が女性によく似合うこと、ジュエリーが映える色であることを認識し、できるだけシンプルなデザインで女性の体のラインを美しく見せ、かつ着心地のいいＬＢＤを世に出しました。


最初にこれを評価したのはアメリカでした。一九二六年のことです。アメリカの『ヴォーグ』誌は、これを大量生産されていたフォード車に準《なぞら》えて「シャネルのフォード」と紹介しています。「誰にとってもユニフォームのようなものになるだろう」、つまり誰もがフォードに乗るように、誰もがＬＢＤを着るだろうと書いたのです。

「私より先の誰も黒を着る勇気がなかったのよ」

こう言って笑ったガブリエルは、この成功を予期していたのでしょう。事実、あっという間にＬＢＤのコピーが世界中に出回るようになりました。

本当かどうかは分かりませんが、面白い逸話があります。

当時最も人気のあるクチュリエのひとりだったポワレが、黒い服のガブリエルと対峙した時のことです。

「黒いドレスだなんて、君は一体誰の喪に服しているんだね？」

ポワレがこう嫌味を口にすると、ガブリエルはすまして答えました。

「もちろん、あなたのですわ」


ともあれこの成功によって、ガブリエルの目はアメリカにも向くようになります。パヴロヴィチ大公とは短い恋の後別れましたがその後も友情が続き、大公は一九三〇年に再会した時には、ＭＧＭの前身であるゴールドウィン・ピクチャーズの創設者サミュエル・ゴールドウィンを紹介してくれました。

世界大恐慌の直後で決して条件は良くなかったはずですが、自身が歌手を目指したこともあり、バレエの衣装を扱うほど芸術・芸能に興味を持っていたガブリエルは、ゴールドウィンの招待でハリウッドに行きました。ここで彼女はマレーネ・ディートリッヒやグレタ・ガルボといった世界的名女優とも知り合い、映画衣装への興味を持つようになります。

「私の前では全てのドアが開いていたと思われるけど、私がどんどん開けていったのよ」

ガブリエルはドアを使った表現を幾つか遺していますが、これはそのうちの一つです。ＬＢＤの発表とアメリカ進出、これも彼女が自分で開けたドアなのです。

人生で大切なのは、
大きなことじゃないの。
もっと、ほんの些細なこと。

Message from Chanel

「どうしてできないの？　がんばってやってごらん。お兄ちゃんはできたんだから、あなただってできるわよ」

小学校受験の塾で一緒の真知子さんは、教室の隅で優しい声で息子の翔太くんを励ましている。翔太くんは俯いたまま何も言わない。

今はボールをドリブルしながら、教室の反対側にあるコーンをぐるっと回って帰ってくる練習だ。大人には簡単でも、まだ四歳の子にとっては大変な運動である。

真知子さんには息子が二人いて、お兄ちゃんの悠斗くんは昨年有名難関小学校に合格した。知り合いのお母さんいわく、何でもできるパーフェクトな子だったらしい。

翔太くんも決してできないわけではない。なんなら私の娘より座学はできると思う。だが息子を二人とも同じ小学校に入れたい真知子さんとしては、あのレベルでは不安なのだろう。

「翔太くん、おもしろいし優しいからだーいすき。トマトが嫌いでピーマンは食べられるんだって!」

娘の一花《いちか》によると翔太くんは友だちの具合が悪いときや落ち込んでいるときに気がついて声をかけてくれたり、持ち物が多くて困っていたら一個持ってくれたりするそうだ。

だが正直なところ、そういう性格的なことは受験にはさほど関係ない。

「翔太、昨日おうちでドリブル三〇〇回できたじゃない」

「ドリブル三〇〇回? 翔太くん、そんなにできるの?」

私が思わず驚いて口を挟むと、真知子さんは嫌そうな顔をして「そのくらいはできるものなんです」と言ってきた。

一花の最高記録は八〇回だ。厳しい。

あるとき、お兄さんの悠斗くんが学校帰りに塾に立ち寄った。これから自分の塾があるので、真知子さんに学校鞄を預けて着替え、塾鞄と夜のお弁当を受け取る手はずだったらしい。

「こんにちは！」

悠斗くんは元気よく挨拶をすると廊下の隅でサササッと着替え、制服をソファの上に放って真知子さんに尋ねた。

「今日の夕ご飯何？」

「ハンバーグよ」

「えー？　僕、エビフライって言わなかったっけ？　お野菜は何？　トマトは入ってないね？」

悠斗くんは塾鞄を持って挨拶をすると塾から忙しなく出口に向かった。

そのときちょうど廊下のトイレに行っていた一花が入ってきた。悠斗くんは一花を押しのけるように、先に出ていった。

「あの歳の子って、好き嫌いが結構あるのよ。翔太は何でも食べるんだけど。悠斗のほうが繊細なのよね」

真知子さんがそう言って苦笑しながら悠斗くんの学校鞄の中を見ているとき、翔太くんがソファにあった悠斗くんの制服を綺麗に畳んで持ってきた。

三人座れるソファを占領するように悠斗くんの制服が脱ぎ捨ててあったのに、翔太くんが気づいたのだ。翔太くんがそうやって気を利かせたことで、何人かがソファに座れるようになった。

その後塾から帰るとき翔太くんが教室から出ようとしたら、次のクラスの子が入ってきた。翔太くんはスッと脇に退いてその子を通してあげていた。

「翔太くんってすごく気配りのある子ね。一花も優しいから大好きだって言ってる」

私がそう言うと、真知子さんは笑った。

「とんでもない、あの子常識問題の点低いのよ！」

それから真知子さんと翔太くんは、塾の前で私たちにさよならといって反対方向へ去った。そのとき、背後でこんな会話が聞こえた。

「翔太、トマト買って帰ろうか。お兄ちゃんは食べないけど、翔太好きだもんね?」

私は思わず振り向いてしまった。

――翔太くん、トマト嫌いなら嫌いって言いなよ!

……だがそれは余計なお世話かも知れない。

翔太くんはお母さんに分からないうちに、がんばってトマトを食べられるようになろうとしているのかも知れない。私はグッと言葉を飲み込んだ。

二年後、翔太くんは結局お兄ちゃんの小学校には受からず、偏差値が少し下の学校に行くことになった。

塾の最後の日に真知子さんに会うと、恥ずかしいとか困っちゃうわなどと困惑していた。

だが真知子さんに、塾の先生はこう言った。

「あそこでよかったですよ、ひとりひとりを大切にするいい学校ですよ。翔太くんは優しいから、お兄ちゃんの学校の強い子たちに潰されちゃったら可哀想です。これからは、翔太くんのそういう小さいけれどいいところを育ててあげてください」

それを聞いた私は、塾の先生がそれを言っちゃダメですよと思いながらも、心のもっと奥底では先生に拍手喝采を送った。

ピエール・ルヴェルディ

社交界でも中心的人物となったガブリエルは一九二二年、ジャン・コクトーの演劇の衣装を担当します。この成功を『ヴォーグ』誌が大絶賛し、いよいよ彼女の名声は揺るぎないものになりました。またこのころ、シャネルの特徴的図案の一つでもあるカメリア（椿）の刺繍も生まれています。

ガブリエルは年二回のコレクションに全力を注ぎながら、自分の身なりから私生活までもが日常的に注目を浴びるセレブになりました。また当時上流階級のサロンでは薬物や過度のアルコール摂取が横行しましたが、彼女もそういった不摂生な日々と無縁ではありませんでした。

やがて身も心も疲れたガブリエルは自分の中の陰の部分、孤独を愛する閉じた自分をも自覚するようになります。そんな彼女に共鳴したのが、詩人のピエール・ルヴェルディです。

ルヴェルディはフランス南西部の町ナルボンヌに生まれましたが、パリで「洗濯船」と呼ばれる集合アトリエ兼住宅に住まい、パブロ・ピカソ、アメデオ・モディリアーニ、アンリ・マティス、アンリ・ルソーなどと知り合います。「洗濯船」は言うなれば当時の前衛芸術の拠点だったのです。その後彼はダダイスムやシュルレアリズムの先駆けとされる文学雑誌「北―南」を創刊し、この中で詩を発表する他にコラムも書き、精力的に活動していました。

そんなルヴェルディをガブリエルに紹介したのは、友人のミシアです。彼が持つ詩人独特の風変りな雰囲気に、ガブリエルはすぐに惹かれました。ルヴェルディの作品はすべて読み、「彼だけが本当の詩人」と賞賛しました。

ところが一九二六年、ルヴェルディは妻を伴ってベルギーとの国境に近いソレムに引き籠り、貧窮と孤独の生活を送るようになります。彼はその後ソレムから出ることはありませんでしたが、一方でガブリエルには愛が溢れた献辞とともに作品を送り続けていました。

ガブリエルとルヴェルディの間には、周囲には理解できない深い絆があったのでしょう。それは自分たちがどっぷりと浸かっていた華やかな世界で感じた、孤独に対する共通認識だったのかも知れません。

「人生で大切なのは小さなことよ、大きなものではなくて」

名誉も財産も手にしたガブリエルにとって、実は一銭も持たなくとも心が通じる相手こそが大事だったのです。

あなたが名門かお金持ちなら、
もはや一人の人間ではなく
獲物扱いされるわよ。

Message from Chanel

菜摘《なつみ》が目の前で泣いている。ずっと結婚するつもりでつき合っていた圭亮《けいすけ》が、最近疎遠になったと思ったら、お金持ちのお嬢さまとの結婚を決めたそうだ。

「結局私とは世界が違うのよ。真剣に結婚したいと思ってたのは私だけだったの」

菜摘は両手に顔を埋めてそう言った。

私は眉毛を八の字にしたまま黙っていた。後ろの席の人たちの視線と、コーヒーが冷めるのが気になった。

それというのも、私は圭亮の側からの話も聞いていたからだ。

菜摘は私が通う学園に大学から入ってきたクラスメートだったが、圭亮はエスカレーター式の小学校以来よく知っている幼馴染みたいなものだった。私が親しいのは圭亮で、菜摘はむしろそのカノジョだから話をするようになったのだ。

圭亮の父親は大企業の社長で、祖父が会長だ。母親もみんなが知っているような会社の創業者一族出身で、知る人ぞ知るお坊ちゃまである。でも本人はいろいろなことに前向きで、反骨精神もあった。いつも熱い恋愛論を語っては、こう言っていた。

「相手の家の財力や名前なんかどうでもいい。俺は本当に心が通い合った人と結婚する！」

それはそうだ。財力も家の名前もすでに持っていて、新たに伴侶から戴く必要はないのだから。

圭亮は外見も悪くなく、性格はお坊ちゃまらしく天然なところもある男の子だったが、意外と慎重なタイプで、カノジョがいたことはあまりなかった。だから菜摘にコクってつき合いだしたときは、きっと菜摘のことを本気で好きなんだろうなと思った。

菜摘はごく普通のサラリーマン家庭で育ったが、身の回りのことをちゃんとひとりでできる子だ。買い物も海外旅行も好きだが、それが財布の限度を超えるようなら我慢する術を知っていた。話していても人に合わせるのが上手で、男子にかなり人気があった。

だから圭亮が菜摘を好きになっても、ああ、なるほどと腑に落ちた。

最初のうちは圭亮が菜摘に夢中だった。

ところが次第に二人の立場が逆転し、温度差が傍目にもはっきり分かるようになった。

圭亮らしくないといえばそうだし、菜摘にとってこんな露骨な態度は可哀想だと思った私は、ついに菜摘と別れて他の人との結婚を決めた圭亮に冷やかし紛れに言った。

「なによ、心が通い合った人と一緒になるなんて騒いでたくせに、結局お相手は名家のお嬢さまだって？」

すると圭亮が「違うんだよ」と、待ってましたとばかりに返してきた。

「菜摘のことは好きだったよ、もちろん。だけど家に連れてってからなんか……菜摘の態度が豹変してさ」

「豹変？」

圭亮は口を尖らせて頷いた。

「最初は家が大きくて素敵だとか、すごいご家庭なのねとか、まあそんなこと言ってただけだったんだけど、だんだん結婚したら青山に住みたいとか、式はハワイじゃ月並みだからモルティヴにしようとか、そんな話ばっかりになって。この前なんか『この靴もう古いんだけど、もっといいのがほしいな』って、もう明らかに俺にタカってんのよ」


はあ、そういうことか。菜摘は圭亮の背景を知ったとき、もうひとりの男として見ることができなくなってしまったのか。

そして圭亮は、それをちゃんと察している。なぜならこういうことは、今回が初めての経験ではなかったから。

「でも結婚したら家のことを無視するわけにもいかないんだし、家庭環境に影響を受けちゃうのはもうしょうがないでしょ」

すると、圭亮は大きく頷いた。

「分かってる。でもそっちばっかりで、俺をひとりの人間として見てくれないのはやっぱり嫌だ。だから俺んちより金持ちで名門のお嬢さまとお見合いして、結婚することにした。そうすれば相手は俺んちの金や名前に惑わされないだろ？俺をちゃんと見てほしいんだよ」

そうね、分かる、と私は同意した。金持ちは金持ちと結婚しろと言うのではないが、圭亮は菜摘の宝くじでもＡＴＭでもないのだ。

われに返ると菜摘がまだ鼻を啜っていた。そしてあろうことか、鼻を手で押さえながらこう言った。

「絶対捕まえておきたかったのに……お金持ちに取られちゃった」

――獲物かよ。

私は心の中で呟いた。

ウェストミンスター公爵

財力も地位も名誉も手に入れたガブリエルですが、それでも一介のデザイナーの手には負えない身分の恋人がいたこともあります。

ウェストミンスター公爵ヒュー・グローヴナーです。彼はベンドールというあだ名で呼ばれていました。

グローヴナー家が貴族に叙せられたのは一六世紀ですが、現在はロンドン中心部などに莫大な土地を持ち、全てのイギリス貴族の中で最も裕福と言われています。二〇一五年の総資産は、一兆五四〇〇億円を超えると試算されているほどです。

もちろん、二代目公爵だったヒューも大富豪でした。当時すでにイギリスで最も資産があるとされ、西部チェシャー州の本宅の他ロンドン、スコットランド、アイルランド、フランス、ノルウェーなどに城を持ち、多くの競走馬を育て、豪華な船旅を愛しました。

ガブリエルはこのころ、ケンブリッジ侯爵の庶子と噂されていたヴェラ・ヴェイトに多くの服を提供していました。ヴェラは闊達で美しく、ガブリエル好みの体型をしていたのです。そのヴェラがウェストミンスター公爵を彼女に紹介しました。


社交的でなければならなかったウェストミンスター公爵の深層には、非常に内気な部分がありました。それを察し、理解したガブリエルに彼は惹かれ、その豊かな財力で何でも与えようとします。それは物品にとどまりません。英国皇太子(後のエドワード八世)やマールバラ公爵の長男で第六一、六三代首相ウィンストン・チャーチルなども友人として彼女に会わせました。

こうしてガブリエルはひとりでは入れなかった世界へ公爵に導いてもらい、シンデレラにも似た夢のような日々を過ごしました。その間にもファッションへの興味は果てず、二人が好んだ船旅からのインスピレーションで、有名な「マリン・

ルック」を生んでいます。

ウェストミンスター公爵はガブリエルとの結婚を考えていたようですが、その話はうまく進みませんでした。

さらにガブリエルは、公爵の浮気を許しませんでした。彼からすれば新たに愛人を加えることは至極当たり前だったのでしょうが、彼女は公爵にまとわりつく愛人ではなく、自立した対等な人間でいたいという高いプライドを持っていたのです。

その結果、別れを持ちかけたのはガブリエルのほうでした。

「ウェストミンスター公爵は何人もいるけど、ガブリエル・シャネルは一人しかいないのよ」

これは彼女が自分の仕事と立ち位置にいかに誇りを持っていたのか、端的に教えてくれる一言です。公爵夫人という誰もが羨みそうな立場が自分のしたいことの妨げになると考えたのか、あるいは公爵夫人になることで彼を一人の男として見られなくなるかも知れない自分への、強い戒めがあったのかも知れません。

「名門とお金持ちは、もはや男ではなく獲物になってしまう」

ウェストミンスター公爵は生涯に四度結婚しており、恋人も複数いました。ガブリエルはその中のひとりとして獲物に縋りつづけることを拒み、夢の中から出ていったのです。

自分を覚えて置いてほしいなら、
申し分ない格好をしなきゃ。
変な姿をしていたら、
服装しか記憶に残らないわ。

Message from Chanel

「ねえ、秋山さんってどんな方だった?」

「山梨の方よ。わざわざ車できてくださって。ほら、ワインのお土産を戴いた」

「ああー、あの方ね。じゃ、富永さんって?」

「富永さん? どんな人だっけ……」

その日、叔母と私は名簿を相手に四苦八苦していた。

叔母は先日華道教室三〇周年記念パーティを開催した。私は最近叔母の教室に通いはじめたこともあって、そのお手伝いをした。

パーティは大成功に終わり、今日はそのお礼状を書いている。


ところが困ったことに、来賓名簿には名前と住所、連絡先しか書かれていない。

生徒さんなら問題ないが、他の教室の人や協会の関係者など初めて会う人たちも多かったから、二人とも誰が誰だか分からないことがある。

お礼状に一言添えたい叔母は、おぼろげな記憶を頼りになんとか名簿にある人全員を思いだそうとしていた。

だが叔母はおしゃべりが好きだからしばしば脱線する。

「ねえ、佐藤さん、覚えてる？　ほら、すごく品のある方。ピンク色っぽいスーツを着た」

「ああ、山口先生の代理でいらっしゃった？　素敵な人だったよね」

佐藤さんのことはよく覚えていた。六〇代くらいの女性で、薄いピンクで襟がなく、七分袖のテーラード・ジャケットとワンピースのアンサンブルを着ていた。首には二重の真珠のネックレス、小さめの黒いハンドバッグがアクセントとして全体の印象を引き締める。そして丁寧に磨かれたクリーム色のパンプスが上品だった。

「ああ見えて、登山がお好きなんですってよ。たくさんお話ししたの」

叔母も佐藤さんのことはよく覚えていた。でしゃばりでもおしゃべりでもないのに、参加者の中でとりわけ上品で目立っていたからだ。素敵な人、という表現がよくあてはまる。

それからしばらくして、叔母がふと空を見上げながら呟いた。

「そういえばあの方、何てお名前だったかしら。ほら、珍妙な格好の」

「珍妙？　ああ、インク壺みたいな頭の人ね」

叔母のその描写がどの人を指しているのか、私にはすぐ分かった。参加者の中に、五〇代か六〇代でとても風変りな姿の女性がいたのである。

遠目には、花畑のように派手だった。だが目の前にきてみると、コケティッシュ・ピンク地に大柄の安っぽいプリント柄が施されたワンピースは、ペラペラで使い古されたレーヨン。型取りが雑で寸胴だから、ホームウェアかエプロンに見えた。

頭の上には黒いベレー帽を載せ、そこに大きな羽根とバラのコサージュをくっつけている。帽子のサイズが小さすぎて羽根が長すぎるのでインク壺のようだ。

極めつけは足元。青色のピンヒールというだけでも服とも帽子とも合わなかったのに、それがかなり使い古され、ヒールとつま先の色が剥げ落ちていたのだ。

「叔母さんの生徒さんじゃないの？」

「だったら覚えてるわよ。どんなお顔だった？　目の周りが青くて、口紅が真っ赤だったのは記憶にあるんだけど」

「顔ねえ……全然分からない。あんなに派手だったのに不思議」

確かに、インク壺婦人はあちらこちらで話をしていたイメージがある。だから私も叔母も何かしらの会話を交わしたはずだが、声も顔もぼんやりとしか覚えていない。目立とうとしていたのだろうし、本当なら目立つはずなのに、服装の印象が強すぎてしまったのだ。

佐藤さんは全体の印象がまとまっていて覚えやすかった。服装と振る舞いがぴったり合っていたのだ。あるいはその見た目の好ましさから、無意識のうちに私たちが「お近づきになりたい人」と認識して、顔や会話の内容を記憶に留めようとしていたのかも知れない。

そういう意味では、インク壺婦人は真逆のところにいた。

「目立とうとして闇雲に派手な格好をしても意味ないんだね」

私が新たな発見に感心すると、叔母が反論した。

「あら、でも逆にパーティに普段着でこられても、やっぱりそっちが気になっちゃってお名前は覚えてないかも知れないわ」

なるほど、それも間違いない。

つまるところあまりにもTPOを外した格好だとそちらに意識が行ってしまい、せっかくの本人が不在になってしまうということなのだろう。

「近寄りたくない人」になってしまったインク壺婦人は、叔母の記憶にその珍妙な格好以外何も残さなかった。

コスチューム・ジュエリー

「みすぼらしい格好はその姿、申し分のない格好はその人そのものを覚えるものよ」

ガブリエルはいつどこにいても注目される人でした。それは、完璧にスタイリングされた美しい服装に身を包んでいたからです。

彼女は「私は真珠のネックレスをつけてからでないとアトリエには行かない」と言っていますが、これはガブリエルが高価な真珠で飾り立ててからでないと仕事場に行かない、という成金セレブだったことを表すものではありません。そのとき着ていた服には真珠のネックレスが絶対に必要で、それなくして完璧ではない姿で外を出歩きはしない、という意味なのです。

「ファッションは服だけじゃないのよ。空にも街にもあって、思考や生き方や出来事とつながっているの」

この言葉の通り、ガブリエルはジュエリーが本物であることよりもデザイン性、高価であることよりもファッション性の方を重要視しました。実際彼女は、コスチューム・ジュエリーは女性を裕福っぽく見せるためのものではなくて、女性を美しくするのが目的だとはっきりと言っています。

二〇世紀に入るとベークライト、アクリル、プレキシガラスといった様々な人工の宝石材料が生まれ、それに伴って宝飾業界も活性化しました。そこで彼女はメゾン・クリポワやロベール・ゴッサンスなどの有名な宝飾工房や金細工師とともに、合成宝石を使用したいわゆる「コスチューム・ジュエリー」を制作します。

第一次大戦の影響で高価な装飾品を批判的に見る社会的風潮も手伝い、コスチューム・ジュエリーは大好評を博しました。一九二五年には、パリの誰もがシャネルのグリポワ・パールのネックレスを身に着けていたとまで言われています。

ただしガブリエルがコスチューム・ジュエリーにこだわったのにはファッショ

ン以外にも理由がありました。

それまで女性が身に着ける宝飾は、「主人」の身分とお財布具合を示唆するものでした。高価な宝石を身に着けて主人の身分の高さを誇るのは「自分は囲われている」と表現し、それをよしとしていたことでした。アイルランドのジャーナリストであるジェーン・ムルヴァの言葉を借りれば、このコスチューム・ジュエリーを身に着けることで女性は自立を主張したのです。

コスチューム・ジュエリーはできるだけ色があって、できるだけ大きいものがいい。外ではそれを自分で実践し、周囲にもそう勧めていたガブリエルは一方で、自宅ではほとんどジュエリーをつけないことも多かったそうです。

特別な人になりたいなら、
他の人と同じことを
していたらダメ。

Message from Chanel

私の高校には陸《りく》という超ハイスペックな男子がいる。身長一八四センチ、モデル事務所に所属してときどきテレビにも出る芸能人で、最近は同じ事務所の人たちとYouTubeでも活躍している。四歳上のお姉さんも雑誌の人気専属モデルだ。陸はサッカー部にいて運動神経が抜群で、成績は中の下くらいだけど、何よりも性格がいい。穏やかで優しくて、いつも明るい。

そんなわけで、陸の人気は爆発的だ。校内でも断トツ独り勝ちだが、放課後になると門の外で他校の推し待ちの子たちが待ち伏せているほどだ。

圧倒的に有利なのは同じクラスの女子である。みんなあの手この手で陸に話しかけ、会話してもらおうと必死で、席を近くするとか同じ係をするとかだけでなく、わざわざ廊下に待機して教室から出てくる陸に偶然を装ってぶつかりにいく子もいる。

もちろん中には陸に興味がない女子、興味がないフリをしている女子もいる。

前者は陸にではなく、男子全般、あるいは人間そのものに興味がない変わり者だ。後者は、陸に話しかけられると真っ赤になるからすぐに分かる。

陸は今まで女子とつき合ったことがほとんどない。中学から一緒とか家が近いとかいう理由で仲のいい女子はいるが、以前学年一可愛い女子が遠回しに陸の気持ちを打診したときには全然脈がないようだった。

それでは外見がダサく自分に興味を持たない女子のことを好きになるかというと、そんな二次元みたいな話はない。陸は自分のことを好きでもない女子を追いかける必要はないし、あまりファッションに興味のない子も苦手らしい。

そうなると、女子がすることは決まってくる。陸の好みの外見を目指しつつ、他の女子を出し抜いて接近するチャンスを見つけること。

陸が髪の毛がサラサラで長い女子が好きだと聞くとみんな髪の毛を伸ばし、料理が得意だから彼女と二人で美味しいものを作りたいと雑誌に載っていると、みんな一斉に料理の特訓をした。そして二人だけになる時間を見つけて陸を追いかけ回したり、気をひくためにプレゼントや、うっかり間違えた風を装って自分の持ち物を陸の持ち物や下駄箱に忍ばせた。

陸の人気はどんどんヒートアップして、最近はちょっとヤバいんじゃないかと思うような思いきった行動に出る女子もいた。

そんなある日、クラス委員の神山さんがホームルームで白い下着を片手に激ギレしていた。

「これ、誰の？　女子用のパンツ！　『りく♡』って書いてある！」

クラス中が「マジ？」「キモー！」などと悲鳴をあげた。神山さんは陸の前の席だった。

「私の机に入ってたんだけど、明らかに間違いよね？　ねえ、誰か知らないけど、こんなものあげて男子が喜ぶと思う？」

神山さんは凛とした声でパンツを掲げながら堂々と言った。

「勝手に盛りあがって面白半分でやったんだろうけど、もらう側はどう思うか考えないの？　イジメだよ、これは！」

ふと見ると、はしゃいで大笑いしている男子に囲まれながら、陸は今にも泣きそうな顔をして俯いていた。

結局犯人は分からなかったが、神山さんはそのパンツをしばらくの間クラスの後ろの黒板に鋲留めして公開処刑にした。それで私のクラスは「パンツ教室」と呼ばれた。

その数か月後、世界がひっくり返るようなニュースを聞いた。そう、陸が神山さんにコクったというのだ。

陸は仕事柄、美人は周りにたくさんいる。自分は身の回りのことがほとんどひとりでできるから、家庭的であることをアピールされても魅力的に思えない。だが自分が言いたかったことを代わりに堂々と言ってくれて、さらに自分を守ってくれているようにすら見えた神山さんの包容力に接して、好きになってしまったというのだ。

「そっちかー。母性ってやつねー」

私たちはなるほどと残念がった。確かに神山さんはしっかりしたお姉さん肌で、頼りになる。そういえば陸は弟だった。

みんな陸の選択に納得した。

ところがこの話にはオチがついている。神山さんが断ったのだ。

女子はこれを聞いて「何でー？　もったいない！」と絶叫した。

神山さんには別にカレシがいたわけではない。陸のことも嫌いではなかった。

でも陸が神山さんを好きになった理由を聞いて、一気に冷めてしまったそうだ。

「あれはパンツに頭にきただけ、別に陸を守ろうとしたわけではない。私はむしろ、私がひとりで怒ってたとき陸に援護してほしかった」

――あー、納得。そりゃそうよね。

とにかく、こうして陸は初めてコクって初めてフラれた。

ポール・イリブとハイ・ジュエリー・コレクション

「かけがえのないものになりたいなら、他のみんなと違っていなければ」

ガブリエルのこの言葉を体現したのが、一九三二年に発表された「ハイ・ジュエリー・コレクション」です。

このときフランスは世界大恐慌の煽りを受けて深刻な経済不況の真っ只中で、人々の心は沈み、購買意欲は落ちていました。しかしながらガブリエルはこのような状態のときこそ人は本能的に本物を渇望すると考え、今までのコスチューム・ジュエリーに対してダイヤモンドとプラチナをふんだんに使った高価な装飾品コレクションを世に送りだしたのです。

ガブリエルのこの発想に強い影響を与えたのは、このころ彼女の恋人となった同じ歳のバスク人、ポール・イリバヌガレ（通称イリブ）です。イリブは建築家でしたがイラストレーターに転身し、一九〇八年にはポワレのデザインを描いてすでに大人気を博していました。

その後も彼はハリウッドの映画衣装やランバンの香水のブランド・マークなどを担当しましたが、ガブリエルと親しくなったころは、華やかで浪費生活好きのせいで財産家だった二人目の妻にも見限られて失意のどん底にいました。ガブリエルもウェストミンスター公爵と別れ、孤独を感じていたのかも知れません。彼女はイリブのことを愛情豊かで才能は溢れんばかりにあるが、独占欲と嫉妬心が強く、強情で利己主義だと語っています。

二人は急接近し、ガブリエルはコレクションのアイディアから経費削減案までイリブの意見をどんどん取り入れ、密会のためにパリ郊外に家も買いました。周囲の話によると、ガブリエルは彼と結婚したがっていたようです。

また彼女は「N°5」を巡ってその販売を請け負っていたヴェルテメール家を訴えていましたが（後述）、その権限をイリブに一任しました。ところがこれが大失敗。彼の強気な行動のせいで、ガブリエルは取締役会によってパルファム・シャネル社の社長を解任されてしまいました。この揉め事は場所を法廷に移して、この後も長く続きます。

一九三五年のある日、ガブリエルとテニスを楽しもうとしたイリブは突如心臓を押さえて倒れ込み、そのまま意識が戻ることなく二日後に亡くなってしまいました。

人生の半ばになってやっと落ち着こうとした時、その相手を目の前で失ったガブリエルは、酷く落ち込んで眠れない日々が続き、鎮静剤やモルヒネに頼るようになります。

私は恋の成就に乾杯するけど、
恋からの解放にも乾杯するわ。

Message from Chanel

何、この目……

昨夜遅くまで枕を抱いて泣き続けていたから、こんなに腫れあがってしまった。

急いで瞼のマッサージのし方をググって目の周りを揉む。こんなに泣いていたことなんか絶対に会社でバレたくない。

昨日、貴也にフラれた。

つき合って二年弱。最近会うのも連絡をくれる回数も減って、会えば素気なくてつまらなそうだったし、薄々終わりかなとは感じてた。

でも終わるのが怖かった。

「俺なんかよりもっといい男いるよ。今までありがとう、がんばれよ」

――は？　何をがんばるの、私？『俺なんかより』って、何その厨二病的な言い回し！

思いだすと悲しさより悔しさが先に立つのに、また目から涙が溢れる。

貴也は最近、販売部の後輩と親しいらしい。私は製品の試作開発部で研究所が違うところにあるからその姿は見たことがないが、否が応でも色んな噂が流れてくるのだ。

私とつき合いだしたころは「いつでも一緒にいたい」って言ってたのに、最後の言葉は「一緒にいても楽しくなくなった」だった。

そういえば、初デートのときイタリアンレストランでお祝いのシャンパンを飲んだなあ。一分一秒ずっと心が高鳴って、足が宙に浮いているようなフワフワした気持ちだった。景色はぼんやりと、でもまばゆいばかりに輝いて、その記憶の中に貴也の優しい微笑が浮かんでいた。

あのときが一番楽しかったかも知れない。


何とか一日を終えた帰り際、ふとデスクの引き出しに赤坂のスペイン風ワインバーの割引券を見つけた。一度だけ貴也と二人で行ったところだ。

いい雰囲気だったのは何となく覚えている。

思い出を断ち切るためにもひとりで行こうかな。

私はその券を見ながらふん、と荒く息をして気合いを入れた。

ワインバーは混んでいたが、ひとりなのでカウンター席が空いていた。女性ひとりでカウンターに座るなんてもっと世の中を知った大人じゃないとできないと思っていたけど、座ってみたらそれほどハードルは高くない。

何を飲もう？　ひとりだとどうしていいか分からない。取り敢えず好きな白ワインとタパスをお任せで頼んだ。

貴也とつき合い始めてからは、ひとりで食事に行くことはあまりなかったなあ。何をするにも二人になった。

いつも貴也が楽しくなるように一生懸命だった。

貴也がゴルフ好きだから、高いお金を払ってゴルフ用品を揃えて練習した。エスニックが好みって言うから、聞いたこともない料理の作り方を勉強した。温泉旅行より買い物のほうがいいって言うから、せっかくの連休にも混雑する渋谷や表参道に行った。真夏の炎天下、別に興味もないフェスにもつき合って楽しいフリをして騒いだ。

だけど本当の私は全然そんなんじゃない。

ゴルフなんか好きじゃなくて、釣りに行きたかった。エスニックは辛すぎて、和食大好きの私には合わなかった。買い物は基本的に通販で、週末は温泉でのんびりするのが大好きだ。フェスで騒ぐより、舞台をじっくり見るほうがいい。

私と貴也は好きなものが全然違った。

考えてみると、私自身も別に楽しんでなかったかも知れない。

それに貴也は私がしてあげたほどは私にあれこれしてくれなかった。

一度だって私の好みを優先してくれなかった。

要するに私が夢中になっていたのか。

いつも気を遣って我慢して、家に帰ると疲れていた。

それに最後のほうには会いたいとか好きとかいう意識よりも、終わりが来るそのときを必死で引き延ばしていただけの気がする。

一体何が怖かったんだろう。

これからはひとりだ。

観劇した後ひとりでのんびりこうやって食事をして、週末には気ままに釣りに行って温泉に入って、お腹いっぱい和食を食べよう。

「何かいいこと、ありましたか？」

バーテンダーが尋ねてきた。

「え？」

「白ワインの代わりにシャンパンにしますか？」

私、楽しそうに見えるんだ。

そうか、もしかしたら今楽しいのかも。なんだかとても清々しくて自由な気分だ。

「ええ、シャンパンお願いします」

私はニッコリとそう言った。

今日は「自由な日々」の初日。そのお祝いをしよう。

スキャパレッリの台頭

「私がシャンパンを飲むのは、恋に落ちたときと恋が終わったときよ」

ガブリエルは恋多き女性でした。今まで名のあがった人物以外にも画家としてあまりにも有名なパブロ・ピカソやサルバドール・ダリ、彫刻家のアペル・レ・フェノザ、映画監督のルキノ・ヴィスコンティやナチス・ドイツの外交官で諜報員のハンス・フォン・ディンクラーゲ男爵……その他短い間だけ親しかった人は数知れず、女性の恋人がいた時期もありました。

彼女は一人の自立した人間として、男性のように自由な恋愛を楽しもうとしていたのかも知れません。またガブリエルは、若いころの無茶な堕胎がもとで不妊になっていました。この問題が結婚の障壁になったこともあったようです。

もっとも刹那的な恋愛ゲームとアルコールと薬物に溺れる日々は、この時代の芸術家や社交家がしばしば浸かっていた享楽だったとも言えます。彼らとガブリエルの異なる点といえば、彼女は同時に世界を唸らせる創作活動を続けていたことでしょう。

ガブリエルの恋愛というとアーサーがクローズ・アップされることが多いのですが、ガブリエルは彼の死後でも、いつでも真剣に生涯の伴侶を探していたように思えます。

しかし彼女が恋した男性はみんな他の女性と結婚したり、すでに家庭を持っていたり、価値観が合わなかったりと、ガブリエルはさまざまな理由で誰とも添い遂げることはありませんでした。その魅力で多くの男性を翻弄した一方で、多くの男性に翻弄されてもいたのです。

それでもガブリエルは、自身の信条を曲げませんでした。

ところが時代は移ろいます。一九三〇年代の半ば、ガブリエルは後にラテックスと呼ばれる新しい生地によるツイードのスーツを発表しますが、世間ではローマの裕福な家庭に生まれたエルザ・スキャパレッリによる型破りな色や柄のデザインが脚光を浴びます。一九三四年の『タイム』誌は、ガブリエルを「もはやファッション・リーダーではない」と酷評しました。

女性の地位向上と自由を表現したシャネルのモードは、おそらくガブリエルが思っていたほどには当時の社会に欲されていなかったのでしょう。むしろ第一次大戦と長い不況に淀んでいたヨーロッパは、スキャパレッリによる強い衝撃を求めていたのです。

知的な女は百万人に
五人しかいない。
女が言うんだから間違いないわ。

Message from Chanel

高校二年になって同じクラスになったさくらは、あまり女子とうまくやれないタイプだ。

特に避けられる理由は二つ。まず、自分勝手で人の意見を聞き入れない仕切り屋だ。この間の体育祭でも、ムカデ競走のグループを「出席番号順じゃなくて、身長で分けよう」と言いだしたまではよかったが、同じグループの四人のうち二人が自分と仲がよくない子になると分かると、何だかんだと言い訳をしてメンバーを変えようとした。

もう一つは優しくないことだ。さくらはクラスの中でも成績がいいので、「ここ分からない」と言うと教えたがる。でもすぐに飽きて、「あー、もう無理！塾行って一からやり直しなよ」などと冷たい言葉を吐いていなくなる。

そんなわけで、さくらを避ける女子がだんだん増え始めた。特に最初はさくらと仲がよかった美羽《みはね》が、はっきりと嫌がるようになった。

「何でいつもさくらが仕切ろうとするわけ？　しかもさくらの仕切りって、いつもうまくいかないんだよね」

「さくら、リレーでB組に負けたのは彩奈が転んだせいだって怒ってんのよ。自分だって大して速くもなかったくせに」

こうして美羽たちに避けられるようになると、さくらは男子と一緒に行動するようになった。クラスの中心にいるような目立つグループではなく、かといって隅っこでオタクしているのでもなく、優しくて間口が広そうな男子たちだ。

さくらはひとりでも行動はできるが、ひとりになること自体がとても嫌いなのだ。ひとりぼっちでいることをバカにされたくないという見栄もあったのだろう。

さくらと美羽は、ときどき些細なことから大きな口ゲンカになっていた。

「私男っぽいから、女といると疲れるの。男に生まれればよかった」

そう言って自分に逃げ場を与えるさくらを、美羽が嘲笑する。

「じゃ、男子はみんな女子といると疲れるわけ？　さくらが女といると疲れるのは、よく見られようとしすぎるからでしょ。女のほうが細かいところまで見てるから、ハードル高いもんね」

「ほら、女ってすぐそういうこと言う！」

こういうとき、男子は決まって「女子って怖えー」と苦笑していた。


美羽ははっきりと厳しい物言いをすることもあったが基本的には優しく、世話焼きだったから、女子に頼りにされていた。特に男子と女子の仲を取り持つのがうまく、その分ゴシップにも通じていた。

だがなかなかの美人なのに自分の恋はあまりうまくいかず、新しいカレシとつき合いだしてはすぐに別れることを繰り返していた。

美羽のカレシは、何をしても美羽が許してくれると思ってしまうらしい。みんな美羽とつき合いだすとだらしなくなったり、わがままになったりした。これは女子にも言えることで、美羽に助けてもらった子は次にはもっと依存し、もっと期待する。

確かに美羽はしっかりしたお姉さんキャラだったが、そんな風に扱われることを喜ぶはずがない。初めの何回かは優しく応対しても、そのうちに頭にきたり疲れ果てたりするようで、意外にも美羽にも長いつき合いの友人はいなかった。

ある日、さくらが生理痛で保健室に行くとき保健係の美羽がつき添った。

「みんなには頭痛って言っておいたよ。ほら、女子でも生理痛とか言っちゃうと、面白がって男子にしゃべる子がいるからさ。広まるの嫌でしょ？」

気が利く美羽に、さくらは小声で「ありがと」と呟いてからため息をついて続けた。

「生理痛ひとつを大スクープみたいに言う子っているよね。バカみたい」

「分かるー、大騒ぎするんだよね。それで自分のときは全身で寄りかかってきて、『今にも死にそう』みたいなアピールするの」

「そうそう、そういう子って『おねがーい』とか言えばいいと思って、こっちが引き受ける前提で物を頼んできたりするの」

「自分はやらないのよね。あー、ホント、女って嫌い」

さくらがそう大きくため息をつくと、美羽が呆れ顔で言う。

「あんただって今生理痛でしょ。メッチャ女じゃん」

「だから嫌いだって言ってんの」

「は？」

二人は顔を見合わせて笑った。

そのころ教室では、女子が二人のことを噂して笑っていた。

「美羽なら、さくらを保健室に連れてったよ。頭痛いらしい」

「へえ、仲直りしたんだ」

「あの二人、なんだかんだいって仲いいよね」

「いやー、さくらの相手ができるのって美羽くらいだわ」

唯一の親友ミシア

「知的な女は一〇〇万人に五人しかいないの。誰がそんなことを言ったか知りたい？　女よ！」

ガブリエルは社交的に見えますがそれは多くの場合ビジネスであって、友人、特に女性の友人は少なかったようです。彼女は男性より女性のほうが怖く、退屈で、友情を感じないと言っていますが、私たちはこういった意見に同意しながらも、「私は男友だちのほうが多い」と豪語する女性を胡散臭く感じるものです。女性に嫌われる女性には、男性には見えないそれなりの理由があると考えているからです。

ガブリエルは女性全体を貶《おとし》めているのではなく、受け身の女性を嫌っていました。「ゲームを仕掛けられることを期待してばかりいる」、自分からは何も変えようとしない女性を疎ましく思っていたのです。

ガブリエルには唯一、ミシアという生涯を通して感情を素直にぶつけ合える親友がいました。

ミシアはガブリエルより一〇歳以上も年上で、浮気性の父と義母に疎んじられて修道院付属の学校で寮生活をしました。ガブリエルとはこの点でお互いが親近感を持ったのでしょう。

彼女は結婚前のゴデプスカからナタンソン、エドワーズ、そしてセールと苗字を変えています。それは最初の夫のために身売りするような形で二度目の夫の愛人になり、その夫の不貞で離婚して三度目の結婚をするという、女性ならではの苦労をしていたことの表れでもあります。

しかしその間にも美術品収集家として、また芸術活動を積極的に支援するパトロンとして名を馳せました。ミシアのサロンは当時の人々の憧れでした。

ところが三度目の夫が他の女性に夢中になると、ミシアの精神は次第に不安定になります。彼女は退廃的な生活に没頭し、離婚後もモルヒネと女性の恋人に浸り、最後は廃人のようになって亡くなるのです。

ガブリエルは三〇代前半の歳でミシアと出会っています。ミシアは洗練された振る舞いや社交性でガブリエルに影響を与え、ルヴェルディやディアギレフなど多くのアヴァンギャルドの人々や組織に彼女を紹介しました。ガブリエルがアーサーを自動車事故で失くしたときにもずっと彼女の傍にいて、心の支えになりました。それがどれほど救われるものだったか、想像に難くありません。

ガブリエルとミシアはどちらも激しく強い人でしたから、人前で大ゲンカをしたり悪口を言い合ったり、絶縁状態になったことも何回かありました。でもガブリエルは自分と真っすぐに接するミシアを絶対的に信頼し、中年以降は心の孤独と戦いながらもミシア以外の友人を作ろうとはしませんでした。一九五〇年、ミシアが六七歳で亡くなったとき、ガブリエルは彼女の死化粧を施しています。

そりゃ勇気が要《い》るわよ。
でも自分の頭で考え続け、
それを声に出して伝えなきゃ、
前へは進めないわ。

Message from Chanel

私は今年から都内の総合病院で研修医として働き始めた。

その病院の大先輩である血液内科の桐生先生は、私の憧れだ。いつも颯爽としていてテキパキしているのに、話をするときはとても丁寧。研修医になったばかりの私にも、苛立つことなく一言一言をしっかり、ゆっくりと発してくれる。忙しくてもドタバタしないし、いつも落ち着いている。その貫禄ある上司ぶりが格好いい。

どうしてこんなに優秀なのにもっと注目されないのだろう。年齢からいっても科長になってもいいころなのに。私はいつもそれを不思議に感じていた。

私は桐生先生みたいになりたくて、できるだけ効率的に、無駄なく動こうとした。

「あの、先生、ちょっと点滴が痛くて」

「看護師が回ってきますから、そちらにお願いします」

「先生、私よくなってるんですかね」

「担当の先生に伺ってください」

どの返事も間違っていないはずだ。だが患者さんにも看護師さんにも私は冷たいだの気が利かないだのと陰口を叩かれていた。

——自分たちが期待する反応を私がしないだけでしょ？　人の悪口を自分の欲求不満のはけ口にしないでよ。


ある日、帰宅時にちょうど帰ろうとする桐生先生に会った。ベージュのロングコートにシャネルの黒いバッグ。さすが、決まっている。

先生がご飯に誘ってくれたので、大喜びでついて行った。憧れの先生と食事。こんな嬉しいことはない。

食事中私は先生の前の席に座って、先生のようになりたいと一生懸命語った。すると桐生先生は「そう言ってもらえるようになったんだから、私もがんばったわね」と笑う。

「そうはいっても私、大学病院にいたころは何でも思ったことを口に出す人だったのよ。『その検査、意味ありますか？』とか上司に喰いついたり、看護師さんに向かって『ただの採血でしょ？　何でもっと早くできないの？』とか」

「えーっ！」

桐生先生がそんな不躾なことを言っていたなんて、ちょっと信じられない。私は目を丸くした。

「相手にもいろんな事情があるのに、ズバズバ言うのが有能さをアピールするんだと勘違いしてたのね。そしたら……」

桐生先生は声のトーンを急に下げ、顔をぐいっと近づけてきた。

「休職喰らったの」

「え？　きゅ、休職？」

「そう。看護師さんがモラハラだって上司に訴えたらしくて。もうすごいショックだったー。『私だってガンガンしごかれてここまで来たのに、何で同じことができないの？　甘えもいい加減にして！』って思った。

そしたら上司から、時代は変わったんだ、少し頭を冷やして常識を学んでこいって言われた。ちょうど院内改革の時期だったのね、あのときは私みたいに休まされた医師や看護師が全部で一〇人近くいた」

先生は赤ワインをクイッと勢いよく飲んだ。

「もうね、出世街道を外されたって感じで、ガックリしちゃった。それで休んでる間何していいか分からなくなって、つまらないから本屋さんに行ったの。そしたら、話し方の本がすっごくたくさん出てることを知ってね。本屋さんなんて、それまで医学書以外の書棚に行ったことなかったから、初めて話し方ってそんなに大事なのかって気がついて。

一冊買って読んでみたの。そしたらね、『何を伝えて何を伝えないべきかをよく考えること。そしてどういう風に伝えるかが一番大事だ』って書いてあった。伝え方が悪いと、相手が自分の言葉を聞く体勢になってくれないって。その通りなのよね、相手の気持ちを考えてあげることって、つまるところ自分が伝えたいことがちゃんと伝わるようにすることなのよ。結局巡り巡って、自分のためになる。『情けは人のためならず』って諺、あるでしょ？　あれ。

何でも言い放ってそのときはいい気分になっても、何も残らないし何も改善されないの。必要なのはとにかく自分で考えて、そしてそれをちゃんと伝えることなのよ」

――自分で考えて、ちゃんと伝える。

私は黙ってしまった。何で患者さんはいつもしょうもないことを私に話しかけてくるんだ、この忙しいのに、と思っていた。でもそこには理由があるのかも知れない。それに「今忙しい」の一言すら、私はちゃんと伝えたことがあったか？

私の様子を見ると、桐生先生はニッコリと笑った。

「これ、シャネルの言葉なの。奥深いでしょ？　彼女も私みたいに一方的に動いて、痛い目にあったことがあるのよ」

そのとき、先生の携帯電話が鳴った。病院からの呼びだしだった。先生は私に謝り、支払いを済ませて先に出ていった。

翌日から、私はもう少しちゃんと見て、考えて、伝えることにした。そうしたら点滴をいつも痛がる患者さんは怖がりで、これから痛くなったらどうしようと思うと不安で私に声をかけてしまうことが分かった。逆にいつも自分がよくなっているかと尋ねた患者さんは、ほとんど挨拶代わりに誰にでもそう聞く人だと知った。

　ちゃんと考えるのも伝えるのもなかなか大変だ。でも努力することで少しその場の空気が柔らかくなるのを感じると、なんとなく自分の人間性が上がった気がして嬉しくなる今日このごろである。

ストライキ――時代の流れ

一九三〇年代の半ばになると、労働者の権利を訴える活動がフランス中に拡散します。

労働者階級による大規模ストライキは、ガブリエルの店にも広がりました。パリのカンボン通りの店が販売員たちによって閉鎖され、彼女がしめ出される形になったのです。

ガブリエルは怒りました。自分が今まで苦労して努力したように、従業員もそうあるべきだと思っていたのに、自分よりもはるかに経験の浅い人たちが、当時の自分以上の権利を訴えている――

しかしながら彼女は結局弁護士の勧めに従わざるを得ず、従業員たちは昇給、労働組合への参加、週四〇時間労働、年間二週間の有給休暇などの権利を獲得してストライキを解散させました。ガブリエルはその秋のコレクションのことを考えて要求を聞き入れるしかなかったのですが、この報復として三〇〇人を解雇しました。

世情の不安定さはこれだけではありません。第二次世界大戦前夜、多くのフランスの富裕層は海外へ資産を持ちだしていました。「逃避」がデザインのテーマになり、古きよき時代の贅沢を思いださせるロマンチックで派手な服飾が流行ります。

そして夜ごとに行われる舞踏会などの社交の場に現れたガブリエルのファッションには、今までのような鋭い輝きはありませんでした。ストライキのときのガブリエルを見ても分かるように、今までは古臭いものを嘲《あざけ》り、時代を作ってその最先端を走ってきた彼女は遂にこのとき、「私たちの時代はこうだったのだから、あなたもこうしなさい」「前例に従いなさい」という、偏屈な命令を押し通そうとして疎んじられる「時代遅れの側」に回ったのです。

ガブリエルはこのころ画家のサルバドール・ダリとの情事にも没頭していま

す。でもこれはわずか数か月間の話で、ダリの愛情激しい手紙に反して彼女はあまり本気ではなかったようです。すでに五三歳、目前でのイリブの死を経験して、ガブリエルの中の恋愛に対する純粋な興奮も期待も失われていたのかも知れません。

これ以降彼女は最期まで逆風の中で孤独にもがき、喘《あえ》いでいたように見えます。それでもガブリエルはいつも何かと戦っているように歯を食いしばって、自身のアイデンティティを堅持しました。

「今なお勇気がいる行動とは、自分の頭で考え続けること。そしてそれを声に出すこと」

そして諦めの悪いガブリエルらしいこの言葉は、実のところ彼女を未来に繋いでいくのです。

エレガンスを笑う人はいないわ。
笑うのは、
それなりの理由があるからよ。

Message from Chanel

――ヒメカヨ。

中学時代までの私は、学校でそんな変なあだ名をつけられていた。

お出かけのときは背中までの髪の毛を下のほうで束ね、いつも淡色のワンピースで、白い靴下と黒い革靴だった。それが昭和初期のお嬢さまのようなファッションだったから「姫のつもりかよ」と私の名前の佳世《かよ》をかけて「ヒメカヨ」である。

それが私のファッションをバカにしたあだ名だというのは分かっていた。でもわが家は祖父母も両親もお固く、その服装が正解だと信じている。「最近の変な格好の子たちが笑っても気にするな、あんな下品な服を着るあっちがおかしいのだ」と言われて育った。

中学卒業式の日、謝恩会の二次会にみんな私服で来ることになった。先生も親もいない会だということもあって、みんな思い切って派手で大人っぽい服を着ると言っていた。

高校も持ちあがりとはいえ中学校最後の日なので、私も少し豪華な雰囲気を出そうと思い、パステルグリーンのワンピースに銀のネックレス、真珠のイヤリング、大きなコサージュと、自分が持つありったけのいいアクセサリーをつけて行った。

会場に行ってみると、みんな黒っぽい服を着ている。パンツが見えそうなくらい短いスカートや、ぽっくりのような厚底の靴。スプレーで髪の毛を緑やピンクに染めている子、目の周りに真っ赤なアイシャドウや銀色のラメを塗りまくっている子もいた。

さっききちんと学校の講堂で卒業証書をもらっていた子たちが、いきなりとてもガラが悪く見えたのが残念だった。

「ヒメカヨ、何そのカッコ？」

クラスメートの中でもずば抜けてお洒落な七菜《なな》が、笑いながら私に声をかけた。

七菜は紫色の短いチェック柄のスカートともこもこの紫色のセーター、厚底のピンクのスニーカー姿。長い髪は頭上で二つ角のように結び、前髪は綺麗なバーコード。肌にはいつもより俄然白く見えるようファンデを載せ、睫毛は漫画のようにくるっと上を向いている。

「笑えるー。ヒメカヨさま、セレブかよ。キラキラじゃん」

「七菜の目も変よ」

「これはカラコン、カラーコンタクト！　そんなことも知らないの？」

七菜は笑う。

私はファッションに疎い。それに慣れないお洒落をしたので、不自然なこともあるだろう。でもそこまで笑うなんて。

「気にすることないよ。あれ、七菜もおかしいよ」

「ねー、ユーチューバーか地下アイドルって感じ」

友人たちが慰めてくれた。でも私は聞き逃さなかった。「七菜も、おかしい」。つまり私の格好がおかしいのは、みんなにとっても大前提なのだ。

ことあるごとに七菜が「訳わかんないヒメカヨさま」と冷やかすので、思い切って聞いてみた。

「そんなにおかしい？　このワンピース、そんなにダメ？」

すると七菜は驚いて「え、ワンピの話じゃないんですけど」と答える。

「じゃ、何がおかしいの？」

「何って……シルバーのネックレスなのにパールの土台がゴールドじゃん、統一感ゼロ。それにネックレスしてるのにコサージュつけて、胸の辺りがゴッテゴテ。そういうこと！」

私はハッとした。

――そうか、服ではなくアクセサリーがおかしかったのか！

そこで急いでコサージュとイヤリングを外した。

「違う違う、イヤリングじゃなくてネックレス外しなよ。お祝いの会なんだからコサージュはそのままでよくない？」

七菜が丁寧にアドバイスしてくれたのを意外に思いながらも、私は素直に従った。

すると七菜が今度は小声でこう聞いてきた。

「ね、私はどこが変？」

自分のファッションに自信たっぷりな七菜が、ちょっと不安げな顔をして、そんなことをこの私に聞いてくるなんて。

理由を聞いてみると、さっき、七菜を見ながらコソコソと笑っている子たちがいたのが気になったそうだ。

「七菜がそんなこと気にするなんて思わなかった」

「するよそりゃ！　どこもおかしくないのに笑われることはないんだから。ね、どっか変？」

七菜は真剣だった。

そうか。人を笑う他人のことなんか気にするなとずっと言われてきて、自分でもそうだと思っていたが、人が笑うには理由があるんだ。おかしいから笑うんだ。どちらが正しいかは別にして、嫌味でなく人が笑うのは自分を見直せと言うサインなんだ。人目を気にしすぎるのは無意味だろうが、人目に注意を払う必要はあるのだ。

七菜のお陰で、私は両親より少しお洒落になった。いいことを習った中学生最後の日だった。

戦時中のガブリエル

「エレガントになりたいなら、周りの女性に笑われない格好にしなきゃ。笑うのはいつもそれなりの理由があるのよ」

笑われるときだけではありません。世間の視線には、必ずなにかしらの意味があるのです。それを気にし過ぎては何もできませんが、視線の意味を正しく読まずに行動することは危険を伴います。

一九三九年、英仏のドイツに対する宣戦布告から間もなくガブリエルはオートクチュールの店舗を閉鎖、従業員のほとんどを解雇しました。これを一九三六年のストライキに対する復讐とする意見もありますが、彼女は第一次大戦では成功したものの、今回はファッションの入る余地はないだろうと判断したからと言われます。弟たちへの資金援助も中止し、ピレネー山中や南西部の都市トゥールーズに籠りました。このとき彼女の恋人だった彫刻家アペル・レ・フェノサによれば、ガブリエルには他にも情人がおり、またかなり重いモルヒネ中毒になっていたようです。

ドイツのパリ占拠に伴い、身一つのガブリエルはなんとか生き残ろうと今までとは異なる行動をとり始めます。フランスの社交界がドイツ人で占められ、多くのデザイナーがアメリカに亡命したとき、彼女はパリのブティックでドイツ兵にN°5を売りました。ドイツ人成金に彼女が商機を見たのか、占領下でもなんとかブランドを維持しようとしていたのかは分かりません。

ガブリエルが甥を出獄させるために奔走していたとき、彼女はハンス・ギュンター・フォン・ディンクラーゲ男爵を紹介されました。彼はすでにドイツ軍のスパイとしてリストに載っていた人物で、港湾の情報収集やフランス国内のユダヤ人の動向を探っていたようです。二人は親しくなりましたが、ガブリエルは他のドイツ人とも付き合いがあったようです。ディンクラーゲはホテル・リッツのガブリエルの部屋に、ダンサーのセルジュ・リファールと三人で住んでいることもありました。

さらに一九四三年末ころ、ガブリエルは奇怪な行動に出ます。それが「モデルフート作戦」と呼ばれたものですが、彼女は在スペインのイギリス大使を通じてチャーチル英国首相とドイツの和平交渉を進めようとしたのです。ドイツの国家保安本部はこれを後押ししましたが、最終的に同行者による密告でこの作戦は失敗しました。

ガブリエルが平和を望んでいたとか、善意でこの作戦を敢行したと思う人はほとんどいません。むしろオートクチュール以外でも世に知られたい、社会に認められたいという利己的な考えが背景にあったと見られることが多いようです。

ガブリエルは戦後、粛清委員会に逮捕されますが、尋問の後数時間で釈放されています。これにはチャーチルの言葉添えがあったのではないかと言われています。

これらのガブリエルの行動を責め、嘲笑する人は多くいます。確かにそれは現代の道徳に反したものでした。でも彼女は他の人たち同様、生き残ろうと必死だったのです。その彼女を笑うことは、当時同じ状況にいた人たちにはできませんでした。「自分は違う」とアピールしたい人たちだけが、周囲に聞こえるように笑ったのでしょう。

戦時中命を守るためにドイツ人の相手をした三万人のフランス人女性は、戦後になって頭を剃られ、ヤジを飛ばされながら裸で街中を行進させられました。ライターのリサ・チェイニーが語るように、この行為には人道があったのでしょうか。ドイツ軍が撤退したパリでは、代わりにアメリカ軍が列をなしてN°5を買っていたそうです。

世界一美しい色?
自分に一番似合う色に
決まってるじゃない。

Message from Chanel

最近、後輩社員からよく聞かれるようになった。

「田中さん、どこか具合悪いんですか？　顔が黄色いですよ」

私はもともと色白なのだが、年齢のせいで肌の張りと赤みがなくなったからそう見えるのだろうと思って、ほとんど気にしていなかった。

しかし、そのうちに会社に来たお客さんにまで言われるようになった。

「一度病院で検査してもらったら？　黄疸とかだったらどうするんだ？　肝臓が悪くなってたら大変だぞ」

お酒が好きな私は同僚にそう脅されて怖くなり、早速総合病院で検査を受けた。

ところがどこも悪くないし、黄疸も出ていないという。

「他に肌が黄色くなることってあるんでしょうか」

「いろいろありますよ。柑皮症、糖化、血行不良や貧血……でもね、田中さん、そもそも田中さんの肌、そんなに黄色くないですよ」

医師が少し困った顔で笑う。

確かに家に帰ってきて自分の顔を見ると、それほど黄色くは見えない。

——そうか！　会社でだけ黄色く見えるってことは、照明のせいだ！

最近私の頭の上の蛍光灯が古くなったから、新しいのに変えた。一つだけやたらと色が白っぽくて気になっていたのだが、きっとそのせいでそう見えるだけなのだ。

顔が黄色く見える理由が分かったので、私はチークをつけて血色よく見せることにした。

ところが相変わらず同じことを言われるのだ。

「顔が黄色いからかな、そのピンクのチークがすごく取ってつけた感じがする。浮いてるっていうのかな？　オレンジ系にしたら？」

歯に衣着せない友人にそこまで言われてしまった。

それからしばらくして、こんなことがあった。上司の岡田さんが、通りがかりに床に落ちている私のカーディガンを見つけて拾ってくれたときのことだ。

「落ちてるよ、この紺のカーディガン。誰の？」

「あ、私のです。ありがとうございます」

「田中さん、最近紺とか紫とか、青系ばっかり着てるね」

「そうですね。いつも緑とかオレンジとか茶色とかばっかり着ていたんで、ちょっと目先を変えてみようと思って。本当は暖色系のほうが好きだし、慣れてるんですけど」

私がそう笑うと、お洒落な岡田さんはサラリとこう言った。

「ふーん。でも自分の好きな色が、一番似合う色かもよ」

岡田さんは私にパーソナルカラー診断ができるサイトを教えてくれた。そこで診断してみると、私はイエローベースで、似合う色は赤、黄色、緑、ベージュ、茶色などだった。ピンクもコーラルピンクやサーモンピンク、青もティールブルーといった風に少し黄色系がいいらしい。

考えてみると、顔が黄色いだの具合が悪そうだなどと言われるようになったのは紺、青、紫などを着始めてからだ。

きっと私の顔色が悪く見えたのは服のせいなのだ。家に帰って今まで自分が慣れ親しんだ暖色系の服を着てみると、確かに顔に赤みが差す気がした。


それから服の色をいつもの通りに戻したら、おもしろいくらい誰にも何も言われなくなった。

紺や紫はシュッとして品があるイメージがあるので、なんとか着てみたいのだが、そこまで似合わないのかと思うと手が出せない。なんだかとても残念だ。

すると、また岡田さんがアドバイスしてくれた。

「全身紺だけのワンピとか着るからハードルが上がるのよ。一部だけ取り入れるところから始めればいいじゃない。田中さんは背が高いから、紺のスカートにこげ茶色のトップスとかきっと合うわよ」

――なるほど！　お洒落な人はお洒落に前向きだ。とても頭を使っている。

岡田さんによると、自分が好きな色が自分に似合う色というのは割とよくあることらしい。要するに自分に似合うから安心できて、気分が落ち着くから好きということなのかも知れない。

自分に似合う色が一番いい色。それから私は自分の色を中心に組み合わせを工夫するようにしている。

荒んだ隠遁生活とニュー・ルックの台頭

戦後ガブリエルは社会からの糾弾を避けるためにスイスのローザンヌに滞在し、その後もスイス中のホテルを転々としながら隠遁生活を送りました。彼女は一九三九年にはすでに自分はもう若くないと悟ったと言っていますが、今まで走り続けてきた疲れもあったのか、かなり長い時間ここで鳴りを潜めています。また一九五〇年には親友のミシアも亡くなり、自分の周りから多くの人が去って孤独を強く感じるようになりました。

その一方で、戦後世界は動いていました。一九四七年、ウェストがくびれたジャケット、たっぷりとしたフレアのスカートを纏《まと》って速足で颯爽と歩くモデルたちが世界の注目を一身に浴びます。クリスチャン・ディオールの「ニュー・ルック」の登場です。

戦後の女性たちはディオールの女性らしい曲線に飛びつきました。ガブリエルが女性を解放するために生涯をかけて廃れさせたフェミニンなドレスが、ここに来ていとも簡単に再び流行り始めたのです。

しかしながらこれは逆に、外見で気強く自由と解放を訴えなくてもいいレベルまで女性の立場が上がったことを示唆しているのかも知れません。

とにかくディオールは大流行しました。一九五〇年代初頭には、フランスから輸出されたオートクチュールの実に四分の三はディオール社製だったと言われています。その新しい波は、かつてシャネル・ブランドを窮地に陥れたスキャパレッリをも全店閉鎖に追いやりました。

ガブリエルは過去の遺物扱いされてしまいます。一九五四年の『ヴォーグ』誌は、シャネルという名はもはや香水の瓶の名前でしかないとまで書いています。

ガブリエルは憤慨します。ディオールに対する嫉妬もあったでしょう。しかしながらそれよりも自立して働く女性、自由な女性を表現する自身のモードが、このまま歴史に埋もれてしまってはならないと思ったのです。市場を席捲したからといって、世界中の女性がニュー・ルックばかりを着るのは醜いと考えたのかも知れません。

「世界一美しい色？　それは自分に似合う色よ」

リトル・ブラック・ドレスを生んだガブリエルの逆説的なこの言葉は、流行っているからといってみんなが同じ服、同じ色を着るのではなく、好きなものをそれぞれの個性で自分に似合うように着こなせということなのでしょう。

遠慮しないで楽しまないと、
何もしないまま
一生が終わっちゃうわよ。
人生は一度しかないの。
いいの、それで？

Message from Chanel

智子は学生時代の友人である亜希子と早苗と、二〇年ぶりに銀座に出かけた。

亜希子は二人の二〇代の息子に触発されるらしく、流行やブランドに詳しくお洒落で若々しい。早苗には子どもはなく夫とトレッキングに行くのが趣味で、そのために普段から体を鍛えているから体力があって健康だ。

智子は結婚しておらず、幸いまだ健康な父と二人で暮らしている。


アパレルショップで、亜希子がピーコック・ブルーのドレスをあてながら鏡を見る。亜希子は普段から肌の手入れや身なりに気を遣っているから、それほどおかしくない。むしろ似合っている。

すると亜希子が、いきなりそのドレスを智子にあてた。

「これ、智子に似合うんじゃない？　スラっとしてるし、色白いし」

「あら、ホント！　智子、若く見えるわよ！」

早苗も同調して二人が絶賛するが、智子は困った顔でドレスを亜希子に押し戻す。

「やだやだ、もうおばちゃんだから、似合わないわよ。若いころならまだしも」

智子はそんな派手で目立つ色のドレスを、今になって着ようなどと夢にも思わない。ドレスが似合わないのも、周りの人に「なにあのおばさん浮かれてんの？」とか「いい歳してみっともない」などと呆れられ嘲笑され、傷つくのも怖い。

それでもその爽やかな色のドレスはふわりと風を含んで、とても綺麗だった。


それから三人で食事をしにレストランに入った。耳慣れないカタカナのメニューばかりだ。だが早苗が「これ何？」と尋ねると、亜希子がぽんぽんと答える。よく知っている亜希子も、無知を恥ずかしがらずに何でも聞く早苗にも感心する。

智子にはそれができない。そんなことも知らないのかと呆れられたり、気まずくなった後に気を遣って一生懸命教えてくれる友人の痛々しい姿を見て申し訳なく思うのも嫌だ。

食事中、三人で旅行をしようという話になった。だが智子は断った。

「行きたいけど旅行なんてもうずっと行ってないし、父の世話もあるから無理だわ」

するど亜希子が眉をひそめる。

「ねえ智子、お父さま、まだお元気なんでしょ？　そんなことばっかり言ってたら、旅行なんて一生できないわよ。一日くらい智子が出かけたって、お父さまはひとりでパンでもお弁当でも食べれるのよ」

亜希子と早苗が楽しそうに旅行計画を練り始めた。智子は焦った。

京都に泊まるくらいなら時間もお金もないわけではない。だが智子は旅行慣れしておらず、友人とはいえ泊りがけで出かけるなど恐ろしくてできない。

大事な持ち物を忘れたり、手際が悪くて電車に乗り遅れたりして迷惑をかけたら？　夜中にいびきをかいてしまったら？　お風呂で貧相な裸を見られるのも困る。

銀座からの帰り、気疲れした智子はつい電車の中で寝てしまった。そのとき夢を見た。

智子はピーコック・ブルーのドレスを着てピンクのリップを塗り、京都の町を歩いている。空は晴れ渡り、足取りは浮くほどに軽やかで、これから何かがあるのか心もワクワクしている。

とても自由だ！

そして智子は夢のなかで大声で叫んでいた。

「人生は一度きりなんだもの、楽しまなきゃ！」

ふと目が覚めたとき、智子は無防備に口を開けたまま上を向いた姿だった。顔から火が出るほど恥ずかしくて、ハンカチで口を覆いながら肩を竦めて俯いた。

――いやだ、みんな私の顔を見て笑っていたに違いないわ。いい歳をして子どもみたいに口を開けて、みっともないったら！

だが緊張しながらそうっと周囲を見渡したら、誰も智子のことなど見ていない。それどころか同じように寝ている人が何人もいる。思い切って顔をあげて再度見渡したが、誰とも目が合わない。みんな寝ているかスマホを弄っているかだ。

――なんだ、そうなの？　私みたいなおばさんが口を開けて寝ていたからって、世の中の誰も気になんかしていないものなの？

智子は吹きだしそうになった。自分はなんと自意識過剰だったことか。最近はあまり外に出ないが故に、こんな簡単な道理に対する感覚まで麻痺してしまっていたのだ。狭い世界に閉じこもっていたから、その外に対してどんどんネガティブな妄想が膨らんで、いつの間にか世間の目が怖くなってしまっていたのだ。

智子はさっきの夢を思いだした。ピーコック・ブルーのドレスを買えばよかった。旅行、やっぱり行きたいと言おう。あの夢の中のように、心躍らせながら青空の下を気持ちよく歩きたい。

だって人生は一度きりなんだもの。私のことを見てもいない目なんか気にしないで、あんな風に気持ちよく、楽しく生きよう。

復活のシャネル・スーツ

一五年に亘《わた》って表舞台から姿を消していたガブリエルは一九五四年二月五日、カンボン通りの店で復活後最初のコレクションを開催しました。そう、「五」の日です。

これにはファッション業界中が注目したものの、ショーが終わるとその評価は非常に低いものでした。

マスコミは叩きまくります。「時代遅れ」、「実用的だが夢がない」、「かつてのコレクションの雰囲気の欠片《かけら》もない」、「記憶の中で理想化された伝説」、「がっかりするような過去の幻影」……挙句の果てには「悪夢」とまで言われました。

二〇世紀半ばはディオールやクリストバル・バレンシアガといった男性デザイナーが主流になり、パリではフェミニンさが求められていました。チェイニーが言うように、ドレスは女性を架空の美しさへ変えるものになり、「良い着こなし」とは「着飾ること」を意味するようになった、すなわちモード観が昔のそれに戻ってしまったのです。

そしてフランスのファッション界は、まだガブリエルの持つ機能的なデザインを「それはそれ」として受容するほど、多様性に対して包容力のある世界でもなかったのでしょう。

しかしながらコレクションを見た人の中にひとり、「このスーツによってまったく新しい何かが起こる」と確信した人がいました。アメリカ版『ヴォーグ』の編集者ベッティーナ・バラードです。

ベッティーナはガブリエルのネイビー・スーツに目をつけました。いつもより少し長めでふくらはぎまであるスカート丈、ポケット付ジャージー素材のオープン・ジャケット。あるいは後に「シャネル・スーツ」と呼ばれるようになり、現在でも人気のある、脇の下にゆとりと袖口に切り込みを持たせた襟なしでポケットが二つあるスーツ……「シャネル・ルック一九五四」です。

これらはベッティーナの予想通り、自由、自立、合理性を求めた行動的なアメリカで大好評を博します。ここに至って初めて、世間はガブリエルの哲学を理解し始めたのです。

「変化は荒々しくてはダメ。突然起きてもダメ。新しい考えに慣れる時間がなくてはいけないのよ」

そう言ったガブリエルはしかし、コレクションに失敗したときにはかなり意気消沈していたようです。ただもちろん、いつかフランスは私を理解するだろうという強気な発言もしています。

ガブリエルはこの流れに乗ってアメリカでプレタポルテを開始し、N°5も大々的に売りだします。そして一九六〇年代になると、世界の名だたる女優や著名人がパリのカンボン通りにあるガブリエルの店を訪れるようになりました。

再スタートを切った彼女のブランドは、これ以後が本当の「シャネル」だと言う人もいるほどの確固たるモードを構築します。

「人生は一度きり。だから思いきり楽しまなきゃ」

復活を果たしたこの年、ガブリエルは七〇歳でした。

チャンスを捕まえるためには、
そこにいなければ。

Message from Chanel

先日、うちの会社で売り始めたばかりのボディソープの法人向けイベントを担当した。これまでアシスタントとしての経験はあったが、自分が中心的な役割を担うのは初めてだった。

イベントは思ったより上手くいって、取引先企業の反応も悪くなかった。上司や他の部の人たちの感想も上々だった。

「今回のノベルティ評判だったね」

「規模もこのくらいがちょうど良かったんじゃない？　去年はコロナ禍とはいえ、ちょっと小さすぎたからな」

ところが、昨年担当した小林先輩がこれを聞いて腹を立てた。

「ですよね？　去年はコロナ禍だからこそ、ボディソープのイベントを大きくやりましょうって僕言ったんですよ。でも予算のせいでダメになったんです。今年は去年より予算が増えて、館川さん、運が良かったね」

私は笑って同意したが、少しムッとした。担当が決まって私が一番最初にしたのが、予算を調整してくれと何回も各関係部課を回ってお願いすることだったからだ。何もしないのに勝手に予算が増えたような言われ方は心外だ。

「ノベルティも新しいデザイン会社に変えられて、羨ましいなあ。去年僕、変えたかったんですよ。でもいろいろ周りのこと考えたら迷惑だと思って、気を遣っちゃったんですよね。やっぱ周りより自分を前面に出していかないとダメですね。まあ、僕は運も悪かったんだなあ」

これも不本意だ。かなり早い段階から企画を出して、昨年の会社がこちらの希望を受け入れてくれなかったから、関係各所と相談して違うところに依頼した。企画のデザインの良さを一生懸命説明して、サンプルも出して予算も丁寧に計算して、取引先をあまり変えたがらない上司をやっと説得したのだ。

先輩は去年、一昨年までやっていたことをほとんどそのまま踏襲した。「大したイベントでもないんだから、そんなムキになんなくていいよ」と言って怠けていた。

「予算もノベルティも半年以上前から必死でプラン立ててやったんですよ。運だけでそんなうまくいくはずないじゃないですか」

私はついそう言い返してしまった。穏やかに言うつもりだったが口調はきつくなり、目もまったく笑っていなかったと思う。

それに対して先輩は「えーと、何怒ってんの？」とわざととぼけて肩透かしを食らわせるような返事をした。私は必死で笑顔を作ったが、顔は引きつっていた。

その数日後部長から、先日のイベントの評判が良かったので、あと二か所でやろうかという話があるといわれた。私は大喜びで、開催場所に合わせて企画を練り直した。

だがそれを知った小林先輩はまたこう言った。

「今年は何か所もやれるんだ？　コロナも落ち着いたし、館川さんラッキーだなあ。俺、今年担当になりたかったわー。てか俺も何かイベント担当やりたーい」

「それより小林さん、昨日取引先の五〇周年記念パーティに行かれたんですよね？　どうでした？」

「どうって、別に何もおもしろいことないよ。つまんないスピーチ聞いて、飲んで食って、課長の挨拶につき合っただけ。てか、あんま覚えてない。興味ねーもん。俺帰るから、井口さんがきたら用件聞いといて。何か用事あるってーけど、時間通りこないからもういいわ」

小林先輩はそう言って去った。せっかくパーティに呼ばれたんだから、イベントの参考になるような情報を仕入れようという気がないものか。ただ座って昨日と同じ仕事をしていれば運が向こうからやってきて、自分に大成功と昇進を授けてくれるはずだ、その時はいつくるんだ、と運にイラついている。

なんで自分は何もしなくてもいいことがあるなんて思っているんだろう？　そんなに素晴らしく運がいいなら、そもそもこんなところで一介のサラリーマンなどやってるわけがないだろう。

そのとき井口さんが入ってきた。

「あれ？　小林はもう帰った？　イベントやりたがってたから、ひとつ新しいの頼もうと思ったのに。今日中に相手に返事しなきゃいけないから、残念だけどナシだな」

ヴェルテメール兄弟

ピエールとポール・ヴェルテメール兄弟は父が興した舞台化粧品会社の社主でしたが、アメリカでのその販売網に目をつけたガブリエルと一九二四年に契約して「パルファム・シャネル」社を設立しました。株の保有率は兄弟が七〇%、紹介者が一〇%、そしてガブリエルはわずか一〇%です。

またヴェルテメール兄弟はその後自分たちの別会社でもN°5を売り始めるなど荒っぽい事業を行い、これに疑問を呈したガブリエルは兄弟に契約解除を要求して訴訟を起こしました。

ところが時代はそのまま戦争に突入します。戦時中、ユダヤ人のヴェルテメール兄弟は、従兄弟を通してカソリックのフランス人フェリックス・アミオを表看板に添えました。これに機を見たガブリエルは「アーリア人」の立場を使ってこの会社を買い戻そうとしますが、この策略はうまくいきませんでした。

戦後になってヴェルテメール兄弟はN°5の生産をアメリカで開始しますが、それはオリジナルの製法ではないうえ、相変わらずガブリエルにはわずかなロイヤリティしか入ってきませんでした。彼らはN°5は自分たちが多大な投資を行い、ビジネスを成功させたために売れたもので、彼女の貢献はもはや非常に小さいと主張したのです。周囲もまた、彼女の年齢を理由に和解を勧めました。

このような侮辱的な扱いを受けて、黙っているガブリエルではありません。彼女はさまざまな香水を一〇〇瓶作らせ、それらをまとめて「マドモアゼル」と名づけ、ニューヨークの数多の百貨店にプレゼントしました。

ガブリエルのこの動きは、彼女の存在感と「N°5が誰の所属であるべきか」を暗に世間に訴えることに成功します。ヴェルテメール兄弟は主張を取り下げ、莫大な損害賠償、そして総売り上げの二%のロイヤリティをガブリエルに支払うことなどが取り決められて両者は和解しました。一九四七年のことです。

おもしろいのは、ガブリエルとヴェルテメール兄弟はこんな拗《こじ》れがありながらも、結局のところもっとも息の長いビジネス・パートナーだったということです。一九五四年の復活時、ピエールはガブリエルの新コレクションにN°5のさらなるビジネス・チャンスを見てとるとその予算の半分を負担することを申し出て、ガブリエルもこれに同意するのです。

「私は正しい場所にいた。そしてチャンスを捕まえた」

長い間「今は騙されたふりをしておくわ」と我慢していたガブリエルでしたが、機を見て仇敵に一気に攻め込み、和解し、味方に引き入れることによって、自身が言っていた「復讐」を完結させました。

彼女のこの言葉は、ヴェルテメール兄弟にも言えることでしょう。彼らは競馬の馬主としても知られていますが、その資本の多くは一九一七年に買い取った「ブルジョワ」社がN°5を販売した収益に支えられていました。このブルジョワ社は、二〇一四年に「コティ」社に買収されています。

エレガントになりたいなら、
できるだけシンプルでいるべきね。

Message from Chanel

昔むかし、ある小さな国の偉い人が、お城で働く女の人を探していました。

「中年で落ち着いた、品のある人がいい。たくさんパーティがあるから、その役に立つ人がほしい」

偉い人はたくさんの候補を探しだし、その中からエルサ、エミリー、エヴァの三人を選びました。


エルサは男爵の奥さまで、お洒落で有名でした。英語とスペイン語が話せて、サロンに来る外国人からたくさん話を聞いていました。

「私はみなさまのお相手が得意です。いろんな方に話を合わせることができます」

エミリーは旅籠《はたご》の娘です。気立てがよく、美味しいものをたくさん知っていました。

「私はみなさまのお世話が得意です。いろんなお料理を作れます」

エヴァは農家出身で、今は尼僧院の下働きです。働き者で、人の手伝いも進んでします。

「私は人のために働くのが得意です。いろんなお仕事ができます」

みんな優秀です。偉い人は決めかねて、王さまに相談しました。

「一番パーティの役に立つ人を選べばいいではないか」

「みんなそれぞれ役に立ちます。お客さまのお相手もお世話も陰で働くことも、パーティには必要です」

「それでは、一番落ち着いた人を選べばいいではないか」

「みんな落ち着いています。誰が一番か私には分かりません」

悩んだ末、王さまがこう言いました。

「三人に一番品のある格好でお城にくるようにいいなさい。それを見て私が決めよう」

こうしてエルサ、エミリー、エヴァの三人はお城に呼ばれました。

「エルサ、入りなさい」

エルサは恭しくお辞儀をして入ってきました。見事な紫色のシルクのドレスにはレースの飾りと縁取りがしてあって、足元に見える靴も紫のシルクを張ったキラキラした高いヒールでした。首にはダイヤモンドと金のネックレスが三重にかかっていて、腕には金のブレスレットが輝いています。指にはルビーが光る金の指輪、耳には珊瑚の大きなイヤリングがぶら下がっていて、シャラシャラと軽い音を立てていました。

「たいそう美しい身なりだな。孔雀のようだ」

王さまは言いました。

「エミリー、入りなさい」

エミリーは恭しくお辞儀をして入ってきました。ただのザックリした紺色のドレスですが、織り方が凝っていて光具合で波のような柄が見えました。大きめの真珠のネックレスとイヤリング、靴は白いヒールでした。

「ふむ、よくまとまっているな」

王さまは言いました。

「エヴァ、入りなさい」

エヴァは恭しくお辞儀をして入ってきました。色褪せて黄色くなった白いドレス、レースはあちらこちら破れています。靴はいつもの木靴ですが、ドレスに隠れて見えません。アクセサリーは金の指輪だけでした。

「私は尼僧院におりますので、いい服を持っておりません。これは亡き母が大事に持っていた思い出のドレスですが、これが一番いいものでした」

「心優しいのだな」

王さまは言いました。


さて、それからすぐに三人は揃って王さまに呼ばれました。

「それでは城で働いてもらう人をひとり発表しよう。エミリーだ」

エルサとエヴァは驚いて、王さまに理由を説明してくださいと頼みました。すると王さまはこう答えました。

「エルサ、高いものを身につければ上品だと思うのは間違いだ。それにお前は自分の姿をちゃんと見たか？　装飾品の山に埋もれて、肝心なお前の顔が全然目立たない。

お前は私に何を見せたかったのだ、人間性か、財力か？

エヴァ、服がないなら普段の服に少しタックをつけるとか指輪にその細い布を通してベルト飾りにするとか、工夫すればよかったのだ。

ただの古く薄汚れた白のドレスなどを着て、何を見せたかったのだ。物持ちのよさか、家族思いの優しさか？

だがお前の思い出は私とは関係ないのだ。私は品のある人を雇うと言ってあったはずだ」

こうして王さまは、エミリーを雇うことに決めたのです。

シャネル2・55とバイカラー・シューズ

復活を果たしたガブリエルは、次にファッション・アクセサリーでも新たな境地を開拓します。「シャネル2・55」とバイカラー・シューズです。

一九五五年に発表された「シャネル2・55」は、機能性とデザイン美が見事に融合したガブリエルの傑作です。柔らかく温かみのあるキルティング加工は「マトラッセ」と呼ばれ、耐久性に優れ、また傷が目立たないようになっています。両手が自由になるようにと付けられたチェーン・ストラップは、皮ひもを編み込んであるのでガチャガチャとうるさい音を立てません。バッグの留め金も回転式のターンロックで、開けやすくなっています。さらに内部は中身が見つけやすいように赤にしたうえ、口紅専用のものを含めてポケットがたくさんあるのも嬉しいところです。このシャネル2・55はシャネル製品の代表の一つとして、類似品を含めると世界の隅々まで知られていると言っていいでしょう。

またガブリエルが八〇歳を目前にして発表したバイカラー・シューズも素晴らしいものです。ベージュという色の皮革が足を長く見せますが、爪先だけは黒です。これは靴を傷から守り、また足を小さく見せる効果を持っています。伸縮性があって履き心地がいいストラップ、安定感はあるが足の甲が美しく見えるミドル・ヒール、これもやはり現在もとても好まれているデザインです。

「シンプルさがエレガンスの鍵よ」

「シャネル2・55」もバイカラー・シューズも、ガブリエルの信条である実用性と自由、そしてそのためのシンプルさを表しています。例えばバッグには色とりどりのスカーフなどアクセサリーをつけることができますし、この靴にはスーツからドレスまでどんな服を合わせるか、多くの可能性に満ちています。

このシンプルさからくる自由なセンスこそが、ガブリエルが楽しんだ「分かる人にしか分からない」排他的なファッションでもあるのです。彼女はアメリカである人に「これほどのお金を使いながらそれを見せないなんて！」と言われたのがとても嬉しかったと言っています。

なりたい年齢になればいいのよ。

Message from Chanel

「さっき山脇さんと会ったんだけどさ、あの人いつ見てもケバいな」

帰宅するなり夫が言った。

山脇さんは私と同じ五〇代前半で、お洒落な人だ。ファッション誌をいくつも購読し、ネットも駆使して、常に今流行っている格好や色を服装に取り入れている。

ただ確かに厚化粧だ。前に聞いた話だと、同じ会社の若い部下たちとご飯に行ったときひとりだけ浮いているのが嫌だから、意識して若くしているそうだ。

「だって部下は三〇代とかであの人は五〇代なんだから、同じように見られようってのが無理だろ。いつもラメを目の周りにベッタリつけて唇がプルプルに見えるグロスか何かつけてるけどさ、何て言うか、顔がおばあちゃんだから合わないんだよな」

「顔がおばあちゃんとはひどい！　山脇さん、定期的にシミ取りに行ってるし肌色もいいし、細身で服装も若いから綺麗だわよ。それに若い格好の何が悪いの？

誰だって若く見られたいものでしょ？」

「いや、そうじゃなくて、五〇代らしいファッションにすればいいのにって話」

山脇さんを擁護する私に夫は呆れてテレビをつけた。

私もそうは言ったものの、確かに夫の気持ちも分かる。山脇さんは若く見えるのではなく、若作りが見えるのだ。がんばって若く見せようとしているのが痛々しくすらある。


しばらく黙ってテレビを見ていた夫が、ふと不思議そうに首を傾けた。

「あー、でも川島さんのおばあちゃんみたいな人もいるか。あそこまでブッ飛んでるといいのかな？　あのおばあちゃんはいつ見ても可愛いんだよな」

川島さんのおばあちゃんはもう八〇歳を超えていて、髪の毛は真っ白だ。

だが五年くらい前からお孫さんに教わったというアニメにハマり、そのアニメのキャラの格好をするようになった。先日も胸元にリボンをなびかせた超ミニスカートのメイド姿に銀色タイツ、青く染めたボブカットにカチューシャ。立ち話をしたとき、「これね、全部フリマアプリ。年金暮らしだから、お金ないのよ」

と笑っていた。


もちろんそのファッションについてあれこれ言う人もいる。

「川島さんのおばあちゃん、頭おかしくなっちゃったんじゃないか？」

「お孫さんに影響されたとはいえ、何歳だと思ってんのかしら」

川島さんのお嫁さんも「みっともない」と言ってはいるが、「でもそれが生きがいだから放っておくの」と苦笑していた。

本人も至って元気な声で笑う。

「もうね、最近こういうカッコが楽しくてしょうがないのよ。みんなチラチラ見るけど、その視線が返ってワクワクするの。『あのキャラですね？』とか『写真一緒に撮ってください』なんて話しかけてくれる子も結構いて、ほら見て、お友だちも増えたのよ」

川島さんのおばあちゃんは、そう言って私にスマホのアドレスリストを見せたことがある。

「どうせおばあちゃんなんだから、何着てたって誰も気にしないの。でもこういうカッコしてるとね、自分が何歳かなんてどうでもいい気がしてくるのよ。気分は原宿歩いてたら一〇代、渋谷だったら二〇代とかね、勝手に何歳にでもなってね。楽しいのよ」

明るくそう言う川島さんのおばあちゃんのファッションはものすごく周囲から浮いてはいるが、決して嫌だとは思わない。むしろこっちもパワーをもらって若返る気分になる。

「うーん、そうか。つまり心の年齢が顔に出てるってことか。山脇さん、人生に疲れ果ててる感じだもんな。さっきも口を『へ』の字にして眉間に皺寄せてさ」

夫がテレビの音を小さくして、自分の考察力を自慢するかのように私を見た。

「旦那さんがゴルフばっかり行ってるとかお嫁さんが寄りつかないとか、毎日張り合いがないとか面白いことが何もないとかグチるんだけど、話し方のせいかな、聞いてるこっちも暗くなっちゃうんだよ。川島さんのおばあちゃんって明るいだろ？　そういう話、しないじゃないか」

――なるほど！　確かにそうかも知れない。

山脇さんは会うと否定的な話ばかりだ。でも川島さんのおばあちゃんは楽しそうで、いつも何か新しいことをしようとしている。

それに山脇さんのファッションは若く見せるため、年齢をごまかすためのものだ。そこには悲壮感すら漂う。だが川島さんのおばあちゃんはあのファッションを自分が楽しんでいる。

そこに違いがあるのだ。その意識が考え方、振る舞い、引いては見た目に影響を与えるのだ。

女は何歳にでもなれる。何歳にでもなってしまう。若くあるためには見た目だけでなく、心も磨かなければ。

「私も川島さんのおばあちゃんみたいになりたいな」

「俺もああいう人になりたいなと思うよ。うーん、派手な老夫婦になりそうだな」

私たちは顔を見合わせて大笑いした。

孤独な伝説

「女性はなりたい年齢になれるのよ」

ガブリエルは年齢についての名言を非常に多く残していますが、これが究極の一言でしょう。しかしながら「年齢は誰と一緒にいるかで決まるもので、退屈なときは一〇〇〇歳、友だちと楽しいときを過ごしていたら年齢は気にならない」などといった言葉からも分かるように、彼女は退屈と孤独を異様に恐れた人でした。

七〇歳代の後半になるとガブリエルは映画衣装の制作なども手がけましたが、基本的に第一線を退きました。それでもその弁舌は相変わらず強気だったこともあって、それまでマナーとして無言が守られていたデザイナーによるシャネル批判が堂々となされるようになりました。ガブリエルの全盛期を知らない新進気鋭からすれば、「時代は変わったのですから、あなたはもう黙っていなさい」と言うところでしょう。

「ホテルにいると旅の途中みたいな感覚になれる」と言って仕事をしているときには落ち着きがない環境を好んだガブリエルも、八三歳になるとスイスのローザンヌに館を購入します。

ところが、彼女は一人が嫌でした。このころにはミシアの他ウェストミンスター公爵、最後まで優しかったエティエンヌ、ルヴェルディ、そして愛すべき敵ピエール・ヴェルテメールなども鬼籍の人になっており、寂しさも一入《ひとしお》だったのでしょう。

「私には何もない。財産はあるけどひとりぼっち」

夜になると心は父に捨てられた幼いころの記憶に、体は関節炎とリューマチに苦しめられました。そして子どものころ何回か経験した睡眠時遊行症（夢遊病）を発症します。

一九七一年一月一〇日、ガブリエルは「こんな風にして人は死ぬのね」と言い残して亡くなります。八七歳でした。日曜日は誰も働かないから嫌いだと言い続けた彼女は、嫌いな日曜日にこの世を去ったのです。

一月一三日、パリのマドレーヌ寺院で盛大な葬儀が行われ、そこにはガブリエルが才能を絶賛したイヴ・サンローランもいました。

「私の人生は孤独な女性の物語、そして悲劇である」

自らの墓碑銘をこんな風に書き始めたガブリエルは現在、ローザンヌのボワ・ド・ヴォ墓地で眠っています。

Message from Chanel

エピローグ

なぜガブリエル・シャネルの言葉は人の心に重く響くのだろう。もちろんシャネルというブランドが好きだから創設者に憧れているという人は多いだろうが、それだけではないはずだ。

ガブリエルはどういうシチュエーションで名言を残したのだろう。どんな気持ちで、何に対してこんなことを言ったのだろう。

人はどういうときにガブリエルの名言から力をもらいたいのだろう。心弱いとき、奮起したいとき、行き詰まっているとき、新しいことを始めるとき……恋人と別れた、新しいプロジェクトが始まる、恋人と過ごす時間が楽しくなくなった、転職して気合を入れ直したい……

彼女の言葉はいつも前向きというわけではない。むしろ風刺的で、厭世的だ。そこに共感する人は、同じように嫌な思いや自己嫌悪、疲労感を抱えているのだろうか――


ガブリエルの名言集や彼女の人生に関する多くの書籍を前にして、このような妄想をしたのがこの本の始発点でした。そして不思議なことに、知れば知るほど彼女そのものにはまっていく自分がいました。

彼女は確かにベル・エポックのフランスの申し子でした。でも世界がその後二つの世界大戦を経て大きく変貌を遂げても、いまだにその輝きは眩しいのはなぜなのでしょうか。

それはガブリエルが時代を凝縮した人なのではなく、時代を作ったその本人だからです。彼女は私たちが持つベル・エポックのフランスのイメージを支える、まさにその一人なのです。

ガブリエルの人生は力強く、魅力に溢れ、とてつもなく孤独です。輝かしくスポットライトを浴びたその瞬間ではなく、その後ろに広がる深淵の闇、そしてそれを作った背景こそが胸を打ちます。

そして彼女の名言は、現代の生活の中にも息づいています。でも彼女の人生が分からないと、共感しにくいかも知れない。それならば一冊の本に現代の物語と彼女の発想を詰めこめないだろうか。

現代の読者の方々が短編ドラマのようにストーリーを頭に浮かべながら、名言を咀嚼できたら。そしてその解説を、ガブリエルのドキュメンタリーのように楽しめたら。

そう思いながらの作業は、とても楽しいものでした。それも編集担当の新保勝則さんが私のアイディアを非常に柔軟に受け止めてくださったから、ストレスを感じずに妄想を形にできたのだと思います。新保さんには心から感謝申しあげます。

また常に発想をどうやって広げるかを教えてくださる大前玲子先生、その発想をどうまとめればいいのかを教えてくださった柏田道夫先生にもこの場を借りてお礼を申しあげたいと思います。

それから最後に、ときには（頻繁に）家事をサボってパソコンに向かっていた私に、文句ひとつ言わなかった夫と子どもたちにも心からの愛と感謝を。

「私はヒロインではない。でも自分がしたい通りに人生を生きた」